知的生きかた文庫

半分、減らす。

川野泰周

三笠書房

物も、食事も、消費も、情報も、仕事も――
いまより「半分」に減らしてみる。
1／2を心がけてみる。
そうすれば、驚くほど人生が輝きだす。
より少なく、より豊かに暮らすための、
「シンプル生活術」をご提案します。

川野泰周

目次

序章 1／2を心がけよう。

1章

「物」を半分、減らす。

2章　「食事」を半分、減らす。

3章 「消費」を半分、減らす。

4章

「情報」を半分、減らす。

5章 「仕事」を半分、減らす。

編集協力／千葉潤子
本文ＤＴＰ／株式会社Ｓｕｎ Ｆｕｅｒｚａ

序章

1/2を心がけよう。

「半分、減らす」のがなぜいいか？

その二つのメリット

本書では、「半分、減らす」をキーワードにして、余計なものや、多すぎるものを減らして、すっきりと、シンプルに、そして豊かに生きるためのヒントを、禅僧の立場から、そして精神科医の立場から、ご提案していきたいと思います。

なぜ「半分」なのか。

その主な理由は、二つあります。

①指標としてわかりやすいから
②行動変容につながるから

たとえば、いま、「スマートフォンの使いすぎ」が問題になっています。スマホの使いすぎは、あきらかに心身への悪影響があることが、多くの専門家から指摘されています。さまざまな不調を招く原因となることがわかっており、身に覚えがある人は、あらためるべきときを迎えているかもしれません。

しかし、「スマホを使う時間を減らそう」と思っても、何か指標がないと、漠然としていて、いったいどのくらい減らせばいいのか、迷ってしまうのではないでしょうか。

かといって「まったく使わない」というのは、現実的ではありません。スマホは、もはや生活インフラの一部になっているからです。

ならば、二割とか三割、あるいは七割、八割とこまかく目安を決めてもよいのですが、多くの方は日ごろからそうした意識を保ち続けることが難しいのではないかと思います。

「三割ならこのくらいかな。いやこれだと二割くらいか……」などと迷っているうちに、結局、面倒になって元の木阿弥《もくあみ》、ということにもなりかねません。

そこで、「半分」くらいにしてみよう——。

それをテーマにこの本を書かせていただきます。半分くらいでしたら、目安としてわかりやすいのではないでしょうか。いつもスマホを四時間使っているなら二時間に。三時間使っているなら一時間半に……。

スマホに限りません。

物も、食事も、仕事も……何かを「断捨離」したいと思ったとき、「半分減らす」ことを目標にしてみる。

もちろん、厳密に「1／2」でなくてもけっこうです。「ほぼ半分」を目安にして、「だいたいこのくらいだな」というところを定めて実践していただくことをご提案したいと思うのです。

現代人は何かにつけて「やりすぎ」ている

「半分も減らすのは、ちょっときついなぁ」

「そんなに減らす必要があるの？」

そんな声が聞こえてきそうですね。

たしかにちょっと厳しい目標かもしれません。

でも、思い切ってそれくらいの意識を持つことが、本当の行動変容を実現してくれます。

「ちょっと減らそう」とか、「昨日より少なめにしておこう」といった思考では、長年かけて自分に定着した習慣を変容させることは難しいものです。

現代人は、仕事でも食事でも買い物でも、何かにつけて「やりすぎる」傾向があります。

いま、「やりすぎ」が習慣化しているせいで、非常に多くの方がさまざまな問題を抱えておられます。

・働きすぎで、体調を崩したり、うつになったりしている
・SNSに依存して、心がかき乱され、自分を見失ってしまっている
・つい暴飲暴食をしてしまい、生活習慣病のリスクが増大している
・物を捨てられずに過剰にためこんで、生活環境が乱れている

・必要もないのに、たくさん買い物をして浪費を助長している

私自身も気をつけなければいけないなぁ、と自戒をこめて書きましたが、みなさんもご自身のふだんの行動を振り返ってみて、多少なりとも思い当たるところがあるのではないでしょうか。

「ここ」で半分、減らそう

「半分、減らそう」とすると、ふだんの行動がガラリと変わります。

たとえば、先にあげた「スマホの使いすぎ問題」。

「ちょっと減らそう、気をつけよう」くらいでは、最初のうちはうまくいくかもしれませんが、やがてすぐに元に戻ってしまうでしょう。それほどスマホは便利で機能性に富んでいますし、だからこそ依存性があるのです。

そこで「半分、減らす」のです。

「半分、減らそう」となると、「ちょっと減らそう、気をつけよう」とは意識が大き

く変わります。自らの心に、生活習慣を大きく変える決意をもたらしてくれるのです。

「通勤中の電車のなかではスマホを見ない」

「帰宅後、夜の九時以降は画面が見られないように設定する」

「寝室にスマホを持ち込まない」

「通知機能をすべてオフにする」

など、**これまでの生活を決定的に変化させるための、なんらかのルールや工夫が必要となり、それが、行動変容を引き出してくれる**のです。

いままでの半分にまで減らすわけですから、最初は、多少のストレスや苦痛を伴うかもしれません。

そこはやはり、ちょっとした我慢や努力も必要です。

しかし、**私たち人間の脳には「馴化《じゅんか》」という機能が備わっていて、がんばって続けているうちに、必ず脳と心がそれに慣れてゆく**のです。

むしろスマホを使わないことで、その分、ゆっくり読書をする、あるいはお風呂に入る、家族と団欒する、自分自身と向き合う……といった時間が増えることに喜びを感じられるようになるでしょう。

つい、食べすぎてしまうなら——

また、つい食べすぎてしまう人なら、

「いつも二膳食べていたごはん（お米）を一膳にとどめる」

「いつも二〇〇グラム食べていたお肉を一〇〇グラムにする」

「毎日必ず夕食後に食べていたデザート（スイーツ）を二日に一回にする」

というように、1／2を心がけてみる。


こうすれば、食べすぎを防げることは当然ですが、何よりもこの方法のいいところは、**「半分」という、ざっくりだけれど心理的にクリアな目標を持つことで、確実に行動に反映させることができる**という点です。

面倒でこまかなカロリー計算をするより数倍ラクに、そして効果的に、ダイエットや健康な体づくりに成功できるでしょう。

体が軽くなり、健康になるだけでなく、ムダな出費を抑えることもできますから、家計の負担も減らせる健康法です。

自らの心がけによって「体にいいことをしながら、お財布にも余裕ができた」という意識が生まれることで、自己肯定感を育《はぐく》むこともできます。気持ちが前向きに、明るくなるのです。

いかがでしょうか。

いま、こういう時代だからこそ、思い切って「半分、捨てる」「1／2を心がける」ことで、人生をより快適に、より豊かに変えていきませんか？

「ほどほど」で人生を好転させる

日々の行動にしっかり〝句読点〟を打つ

本書のタイトルは、『半分、減らす。』です。

句点と読点が、一つずつ入っていますよね。

実はこれ、意図的に入れたものです。

ここには、「日々、忙しく暮らすなかでも、時折ちょっと立ち止まりましょう、頭を休めましょう。動きを止めてみましょう」という思いをこめています。

なぜでしょうか。

私たちは、わき目も振らずに仕事をしているとき、空腹にまかせて食べ物をかきこんでいるとき、スマホからとめどなく情報を受け取っているとき、衝動のままに買い

物をしているとき……に「やりすぎ」になってしまうからです。

そうならないために〝句読点を打つ〟手法が「半分、減らす」ことであり、「1／2を心がける」ことです。

この「句読点を打つことの大切さ」の話は、臨済宗の私の大先輩で、京都の妙心寺《みょうしんじ》で長年にわたって修行を積まれ、現在は都内の龍雲寺《りゅううんじ》というお寺で住職をされている細川晋輔《しんすけ》師からうかがいました。

とても素敵な表現なので私もよく引用させていただいています。「坐禅は心の句読点」という細川さんの言葉を、私たちは日常の暮らし、ひいては一挙手一投足にいたるまで落としこんで、生かすことができると感じています。

そして、

「つい、やりすぎてしまう行動」に歯止めをかけて、「ほどほどを意識した考え方と行動を心身に落としこむことで、自らの健康を守り、同時により満たされた、より豊かな人生を実現する」

それが、本書の目指すところです。

「中道の精神」でゆく

さて、ここで**「中道の精神」**についてお伝えしておきたいと思います。

仏教には「中道の精神」というものがあります。何事も極端に走らず、偏《かたよ》りなく、ちょうど真ん中くらいのところを意識することを意味します。

これが簡単そうで、意外と難しい。

なぜなら、そう、私たちは、つい「やりすぎ」てしまうからです。**どなたも、仕事や、食事、買い物、ゲーム……などで、「つい、やりすぎる」ことがあるのではないでしょうか。**

人間はもともと達成欲求が強く、〝やりすぎる生き物〟なのでしょう。ふつうに生活をしているなかで「ほどほど」を体現するのが難しいのは、当然といえば当然のことなのです。

かくいう私も、ほどほどができずに反省の繰り返しです。

私たち禅僧は、まさにこの「中道の精神」を会得・実践できるよう日々、修行に励んでいます。修行道場で数年間過ごさせていただいたころ、私も少しばかりこうした精神を心のなかに持てると感じたことがありました。

しかしいまは住職になり、さらに精神科診療も再開して、多忙な現代の暮らしに戻るなか、残念ながら常に中道でいることは難しいと感じています。

でも、だからこそ「心がけを続ける」ことが大切なのだと思います。

この本は、「中道の精神」をもって幸せに生きるためにはどうすればよいのか、私自身の試行錯誤の日々と学びの道のりを内省し、その途上ながら見えてきたことを、みなさんと共有できればとの思いで書かせていただいています。

では、なぜ仏教や禅の世界では「中道の精神」を尊ぶのでしょうか？

それは、「物事を二元的に考えることから離れる」のが重要とされているからです。たとえば、白と黒があれば「どちらもあって当たり前」ととらえる。そうであるならば「白と黒、両方をふまえて、できうる最善の道を見出しましょう」というわけです。

本書のテーマ**「半分、減らす。」の実践は、この「中道の精神」を、私たちの等身大の暮らしのなかで体現してゆくための提案**なのです。

「ほどほどが一番いい」と気づいた人

仏教のお話をもう少し続けましょう。

というのも、**お釈迦様が悟りを開いた経緯がまさに「偏った考え方や行動を手放す」ことだった**からです。

王家に生まれたお釈迦様は、私たちと同じ人間です。悩んだり、苦しんだりして、自分の心と向き合ってきました。「生老病死の苦しみから、どうすれば逃れられるのか」「どうすればこの心の迷いを乗り越え、救われるのか」と悩み、その答えを「苦行」に求めたのです。

以来、六年もの間、お釈迦様はさまざまな苦行に取り組みました。

茨《いばら》の生える草むらのなかを転げ回ったり、日に水一杯だけで強い日差しを受けながら何時間も片足立ちをしたり、木の実しか口にしなかったり。

それはもうすさまじい修行だったといいます。けれどもいくら自分の体を痛めつけても、救いが得られませんでした。

つまり仏教は、「六年も苦行した末に、答えはそこにはないと気づいた」ところからはじまっているのです。

ついにお釈迦様は苦行を捨て、川で沐浴《もくよく》し、村娘のスジャータからふるまわれたミルク粥《がゆ》で元気を取り戻します。そして菩提樹《ぼだいじゅ》の木の下に座り、瞑想に入られました。お釈迦様が成道《じょうどう》――仏の悟りを完成したのは、その七日後のことです。

このときお釈迦様は、「自分を大切にしよう、自分にやさしい心を持とう」という方向に自らの在り方を切り替えたのだと思います。

そして、修行というのは、ただ厳しくすればいいものではない。もちろん怠惰《たいだ》に過ごすのがいいわけでもない。厳しさ半分、やさしさ半分、つまり、

「ほどほどが一番いいのだ」

と学びました。まさに「中道の精神」です。

より少なく、でも、より満たされた生活

中道の精神を大切にして、何事もほどほどを心がける――この「マインド」を磨く。

それが本書でご提案する「半分、減らす」「1／2の心がけ」を実践するための大切なポイントです。

「マインド」とは、「精神性」のこと、もっとシンプルな言葉でいえば「こころ」のことです。

つまり「こころ」を磨くことなく、「かたち」だけ半分に減らしても、最初はうまくいったように見えても、ただ「我慢」している状態になってしまいます。ひたすら無理しているだけの、ストレスフルな状態となりますから、やがて必ず〝リバウンド〟してしまうのです。

そうではなく、目指すべきは、

「より少なく、でも、より満たされた、マインドフルな生き方のスタイル」

です。

そして、そのためのキモが、「中道の精神」なのです。

もっと「マインドフル」な生き方を

いま、何もかもが増えすぎている

いま、**「マインドフルネス」**が世界的に注目を集めていますが、マインドフルネスとは、ひとことでいうと、**「禅やブッダの教えを源流とする、心を整える手法」**です。さまざまな瞑想法を用いて、「いま」「ここ」に意識を置くことで心身の充実度、健康度を高めるものです。

現代人には「やらなければいけないこと」がたくさんあります。

仕事、家事、育児、介護、さらには地域の活動など、目の前にやらなければいけないことがいつも山積していて、とにかく毎日が忙しい。

とくに私たちが暮らす日本では、多忙をきわめる人が多いことも指摘されています。

そうした種々雑多な物事に追い立てられ、心は休む暇がありません。

加えてネットやスマホの急速な発展と普及により、世の中を飛び交う情報量が爆発的に増えていっています。そのせいで人の脳と心は、有象無象の情報にかく乱されて疲労こんぱいです。

物質的にも同じ現象が起こっています。日常的に使う道具も、毎日摂取する食べ物も、どんどんその種類が増えています。

さらには対人関係においても同様です。

SNSが急速に普及することによって何千人もの人と交流できるようになりましたが、その分、非常に多くの時間とエネルギーを数多くの人とのやりとりに消費しなくてはならなくなりました。

こうしていまや何もかもが増えすぎてしまって、心身は悲鳴をあげています。そしてこのことは、うつや不安、不眠、原因不明の体調不良など、心身の問題を抱える人が急増していることと、けっして無縁ではないと考えられています。

このように現代人のメンタルヘルスが悪化している問題に対して、私は、薬だけでは根本的な解決はできないと実感しています。

もちろん、病状によっては薬物療法が非常に大きな助けとなることは疑いようがありません。しかしそれだけで、現代人特有の心身の疲れや不調にすべて対応できるとは思えないのです。

その現状を改善するには、**「心のなかを埋め尽くすくらいに増えすぎたものを減らす」**必要があります。

そして、そのための一つの手法が、「マインドフルネス」なのです。

「マインドフルネス」はこうして生まれた

医学の分野では、米マサチューセッツ大学医学大学院のジョン・カバットジン博士が最初に坐禅に着目しました。一九七〇年代のことです。

博士は若いころから禅僧に師事し、坐禅を実践されてきた経験から、「坐禅は痛みの治療に効くかもしれない」と着想を得ました。

そこではじめに、内科的な慢性疼痛《とうつう》や腰痛、リウマチ、原因不明の痛みなどを軽減するための治療に瞑想を活用する試みに着手したのです。

その後、博士は精神医学の専門家だったこともあって、うつ病や不安障害などの治療に用いてみたところ、みごとに症状を改善する、あるいは再発を防止する効果が認められました。

現在では世界中の多くの研究者、治療者にマインドフルネスの有効性が認識されるようになり、その対象がどんどん広がっています。

さまざまな精神疾患や心の悩みに対する心理療法や精神療法に用いられているほか、血糖値の改善や、肥満、慢性疲労、高血圧の治療などにも用いられるようになりました。

思うに、博士がマインドフルネスを編みだした背景には、昔にはないような原因不明の痛みを訴える患者さんが増えてきたことがあるでしょう。

またその種の痛みを、昔から使ってきた鎮痛剤では根治させることができない、という治療上の課題にも着目されたのではないでしょうか。そこで「心にアプローチしてみよう」と、禅の瞑想効果に注目されたのだと思います。

ちなみにジョン・カバットジン博士のマインドフルネスの定義は、**「いま、この瞬間の体験に注意を向け、評価や価値判断を手放してただ観察する」**ということ。

もちろん、瞑想のときに呼吸に意識を向けることもそうですが、座って行なう瞑想に限らず、目の前の一つのことだけに注意を置いて取り組むことは、すべてマインドフルネス瞑想なのです。

日本に〝逆輸入〟された心を整える手法

さて、医療現場で用いられたマインドフルネスは、どのようにしてビジネスパーソンをはじめとする一般の人たちの生活にまで浸透していったのでしょうか。

きっかけは、世界トップクラスのＩＴ企業グーグルが、社員の能力開発やストレス対策としてマインドフルネスを取り入れたことです。

ＩＴはいまをときめく産業ですが、社員たちはディスプレイに向かって長時間続ける作業などで、心身が疲れきってしまうのでしょう。「一般企業の会社員に比べると、うつの発生率が二、三倍にのぼる」といわれるほど。

しかもこうした仕事の疲労で生じたうつ状態には、抗うつ薬が効きにくいという報告もあります。そのような状況のなかで、

「大量の情報を扱うには、心のゆとりが必要だ。そして創造力を高め、おもしろい智恵やアイデアが生まれてこそ、コンピュータの技術は発展する」

という発想から、マインドフルネスに目を向けたのだと思います。

その後、さまざまなIT企業、さらにはほかの大企業でも相次いでマインドフルネスが社員向けプログラムとして採用され、近年では日本国内の企業でも導入が進んでいます。

その結果、多くの企業で社員の健康度が上がり、不調のために社内の診療所を訪れる人の数も、心に問題を抱えて病院の精神科や心療内科に通院する人の数も減ったという報告が多くあげられています。

つまりマインドフルネスは、グーグルをはじめとするIT企業のひしめくシリコンバレーを〝発信源〟として、一般の企業社会に広く普及、浸透していったのです。日本には少し遅れて〝逆輸入〟されたということもできるでしょう。

古来より禅の精神が根づいているはずの日本で、マインドフルネスの導入が立ち後れたのは、一九九〇年代に起きたオウム真理教の事件などの影響で、宗教や瞑想に対する抵抗感が強かったせいかもしれません。

でもいまでは、日本のビジネス界においても多くの企業がマインドフルネスを取り入れています。

私もコロナ禍になる前は、大手企業の本社内にある大講堂で一〇〇〇人近い社員のみなさまに瞑想指導をさせていただいたことがあります。

ビジネスパーソンにとってマインドフルネスは、いまや心身の健康に欠かせない「サプリのようなもの」と、とらえていただいてよいかと思います。

もちろん、ビジネスパーソンだけでなく、主婦の方でも、現役を退かれた世代の方でも、学生さんでも、マインドフルネスは大変有効です。

そこで、**本書では、コラムとして、ストレスを軽減し、心を整えるためのマインドフルネス瞑想法をいくつかご紹介しますので、ぜひ実践してみてください。**

本書が提案する、「半分、減らす」「1／2を心がける」ことで人生から余計なものや多すぎるものを減らし、より快適で、より豊かな生活・生き方を実践するための強力な手助けとなるはずです。

コラム1 「呼吸瞑想」で心を整える

「呼吸瞑想」は瞑想の基本ともいえるものです。やり方はとても簡単ですが、日々の習慣とすることで着実に穏やかで整った心を育んでくれます。

①椅子に浅く腰かけるか、床に胡坐《あぐら》を組んで座って、力《りき》まずに、スッと背筋を伸ばします。両手は手の平を上に向けて膝のうえに置くか、両手を軽く組むか、どちらでもOKです。目は軽く閉じるか、数メートル先の床の一点を見る「半眼」にします。

②最初に二、三回、深呼吸をします。「心をリセットしよう」と意識しながらするといいでしょう。呼吸は、鼻から吸って鼻から吐くのが基本ですが、鼻が詰まっているなど、口のほうが自然にできる場合はそれでもかまいません。

③あとは自然な呼吸にまかせ、鼻を出入りする空気の流れだけに意識を向けます。「いま、空気が体のなかに入ってきたな。いま、出ていったな」といった具合です。あるいは体が空気の出入りにしたがって膨らんだりしぼんだりするのに意識

を向けてもけっこうです。時間に決まりはありません。一分でも五分でも、ご自身の状況に合わせて実施してください。

よく「腹式呼吸をしなさい」といわれますが、呼吸瞑想ではそこにこだわらなくてけっこうです。お腹に力が入って、自然な呼吸ができなくなっては意味がなくなってしまうからです。呼吸は「作為的に行なわない」ことが基本なのです。それに心配せずとも、リラックスすると呼吸は自然と胸式から腹式になるものです。

「呼吸に意識を向ける」というのは、実は難しいものです。最初は、「これでいいのかな」と迷ったり、呼吸以外のいろいろな雑念も浮かんできたりするでしょう。

でもそのことを、ことさらに批判しないようにしてください。雑念に気づくこと自体が瞑想にとってすごく大切なことだからです。むしろ心のなかで「よく気づいたね」と褒めてあげて、「よしもう一度、戻ろう」と呼吸に意識を戻せばよいのです。

「呼吸瞑想」は時と場所を選ばずにできる瞑想です。生活の合間合間に短くても実践を続けることで、しだいに日ごろの心の在り方を穏やかで、気づきに富んだものへと導いてくれるでしょう。

1章

「物」を半分、減らす。

買っても買っても買っても……

まず、みなさんに問いたいこと

仕事で成果をあげたい、より高いポジションにつきたい、もっと稼ぎたい、ぜいたくな暮らしをしたい、ブランド品で身を飾りたい……。

大半の人が心のどこかに、そういった願望をお持ちになったことがあるのではないでしょうか。

というふうに書きはじめると、「坊さんだから、『欲を捨てなさい』とかいうんだろうな」と思う方がいらっしゃるかもしれません。

もちろん本書のテーマは「半分、減らす」ですから、ためにならない欲は減らしたほうがいいでしょう。

そんな欲を減らす方法についてはのちほどお話しするとして、私がまず問いたいのは、

「物質的に豊かになったその先で、心は幸福感に満たされますか？　より豊かになりますか？」

ということです。

ふつうに考えると、欲望が満たされれば、幸せな気持ちになるはずです。

ところが事は、そう単純ではありません。現実には逆に、物が豊かになるのと反比例するように、心が貧しくなってしまう場合が多いのです。

理由は、願望を叶えようと、〝やりすぎ〟てしまうことです。「あれも、これも」と望むことが増えると、並行して「やらなければいけないこと」が増えますから、せわしなく考え、休みなく動かざるを得なくなる、というわけです。

そうして体が疲れます。頭も疲れます。

その疲れが心から余裕、ゆとりを奪っていくのです。

「願望を達成して物質的に豊かになると、心が貧しくなる危険性がある」とは、そういうことなのです。

「地位財」とは、「非地位財」とは？

「地位財」「非地位財」という言葉を聞いたことがありますか？

私自身は数年前、「幸福学」の研究をされている、慶應大学の前野隆司《たかし》先生のご著書でこの言葉を知りました。

これが非常に興味深い概念なのです。

「地位財」とは、所得、財産、社会的地位、物的財など、「周囲と比較することで満足を得られる財」のことです。これは、手に入れても「幸福感が長続きしない」とされています。

一方、「非地位財」は、他者との比較によってではなく、自らが主体となって幸福を感じることのできる財を意味します。健康、自由、愛情、良好な人間関係や環境などが含まれ、こちらは「幸福感が長続きする」とされています。

つまりこの**「非地位財」こそが〝幸福の泉源〟として、私たちの人生に花を添えてくれる**――そのことを前野先生はさまざまな心理学的検証によってあきらかにしてこられたのです。お金では買えないからこそ心に豊かさをもたらす財、ともいえます。

幸福の「正体」

その地位財・非地位財について、二〇〇二年にノーベル経済学賞を受賞したアメリカの行動経済学者ダニエル・カーネマン氏らの研究によると、

「感情的幸福は、年収七万五〇〇〇ドルまでは収入に比例して増大する。それを超えると、比例しなくなる」

という結果が得られたそうです。

年収七万五〇〇〇ドル、わかりやすく一ドル＝一〇〇円で計算すると、年収七五〇万円。それ以上の経済的な豊かさ、物質的な豊かさは、必ずしも幸福をもたらすとは限らないということでしょう。

また前野先生の研究によると、学生やビジネスパーソンなどを対象に膨大なデータを取った結果、総じて、「非地位財が増えれば増えるほど、幸福度が高い。地位財を多く得ている人ほど、幸福度が低い」というあきらかな傾向が見られたそうです。

幸福度はそのまま、心の豊かさの指標ととらえられます。

非地位財は心に充足感とともに豊かさをもたらし、地位財は〝富に対する執着〟となって、心に不足感と貧しさをもたらす可能性があるのです。

冒頭で「物質的に豊かになったその先で、心は幸福感に満たされますか？　より豊かになりますか？」という質問を投げかけましたが、その答えがこうした研究者の方々によってあきらかにされたということです。

ようするに、

「物質的豊かさは心の豊かさを担保しない」

ということが統計データ、つまりエビデンスで裏づけられているわけです。

この章を読み進めていただくにあたって、このことをまず心にとどめておいていただきたいと思います。

すっきりした部屋がなぜいいか？

物が増え続ける三つの原因

「物があふれ返っている部屋」というのは、ごくふつうにありますよね。

所狭しと置かれた家具が通路をふさいで、あっちへぶつかり、こっちへぶつかりで、スムーズに歩けない――。

あるいは家具が〝物置化〟していて、衣類や洗濯物、カバン、子どものおもちゃなどが山と積まれている場合もあるでしょう。

「物がなくてすっきりした部屋」のほうが「稀《まれ》」かもしれません。

どうしてそんなに物が増えてしまうのでしょうか？

その原因はあきらかで、

- 買いすぎ
- ためこみすぎ
- 散らかしすぎ

のうちのどれかでしょう。

その問題についてはのちほど、すぎている分を「半分、減らす」ための解決策を探っていきますが、その前にまず、部屋にせよ、オフィスにせよ、身のまわりに物があふれ返っていると、私たちにとってどのような悪影響があるかを考えてみましょう。

「散らかった部屋」がもたらす悪影響

一番の問題は、

「あふれるほど物があって部屋が散らかっていると、そちらに〝注意資源〟がたくさん使われてしまう」

ということです。

「注意資源」とは、人間が一度に使うことのできる注意力のこと。注意のエネルギーの全体量のことを指す言葉です。

スマホでいえば、「一日に使うことのできる通信データ量」のようなイメージです。「注意容量」と呼ぶこともあります。こちらのネーミングのほうがわかりやすいかもしれません。

たとえばデータ量の大きな動画コンテンツをたくさん見ると、たちまち通信制限がかかって、通信速度が遅くなりますよね。それどころか、ほかのコンテンツを使う容量そのものがなくなってしまいます。

それと同じで、**人間が一度に使うことのできる注意力の量は有限**なのです。

だから部屋に物がたくさんあると、たとえ意識はしていなくても知らず知らずのうちにそれらの物に少しずつ注意を奪われてしまいます。

その結果、目の前のことに集中したくても注意が散漫になり、脳の情報処理のスピードも遅くなって、肝心の仕事に集中するだけのエネルギーを確保できなくなってしまうのです。

集中力を高める最重要ポイント

こんな心理実験があります。

課題は簡単な引き算です。まず「一〇〇から七を引き、その答えから七を引き、さらにその答えから七を引き……」というふうに、自分のペースで引き算を続けてもらいます。

そのとき同時に、鈴虫の声を流して、「この音が流れている間、計算を続けてください」と指示します。

私自身、トライしたことがありますが、「100－7＝93　93－7＝86　86－7＝79……」と、三回目くらいで、もう集中できなくなってきました。注意資源が鈴虫の声に食われてしまったわけです。

しかも鈴虫の声に集中していたかというと、そうではありません。声から鈴虫が羽をこすり合わせる姿とか、秋の草花にいろどられた風景などといったイメージはほとんど浮かびませんでした。

しかし計算をやめて、鈴虫の声だけを集中して聞くと、鈴虫のいる風景や、ほかの虫の声、童謡の「むしのこえ」のメロディ、子どものころの思い出——など、さまざまなイメージが浮かんできて、なんだか心が温まるような、穏やかな気持ちになりました。

この実験からわかるのは、計算と、鈴虫の声を聞くことと、その声から何かをイメージすることと、三つのタスクに注意資源を均等に振り分けるのは容易ではないということです。鈴虫の声は計算をジャマし、計算は鈴虫の声から生じるイメージをジャマするのです。

いまのは聴覚の実験ですが、「視覚」だって同じです。目に入る物が多ければ多いほど、そちらに注意資源がたくさん割かれることになります。

つまり、**目の前の仕事や作業に集中したいなら、近くにあふれ返っている物を極力減らすことが大きな助けとなる、**ということです。

ご自身のデスクの上はどうでしょうか？　書類や文房具などが雑然と、あふれ返っていないでしょうか。

それらが、自らの集中力を奪っている可能性があるということなのです。

禅寺の「がらんどう」に学べること

「減らす」といっても、まったく何もない状態がいいわけではありません。

禅の修行道場には禅堂といって、修行僧たちが集まり、坐禅の修行をしたり、寝起きをしたりする場所があります。

もともとはこうした修行のための建物を、仏教発祥の地インドでは「サンガーラーマ」と呼びました。

仏教が中国を経て日本に伝わる過程で、「僧伽藍《そうがらん》」と漢訳され、略して「伽藍」、あるいは「伽藍堂」と呼ばれるようになったのです。

いまでは「がらんどう」といえば、文字どおり〝ガラン〟としていることから、物が何もない、あるいは人が誰もいない空っぽの場所のことを指しますよね。実はこれ、仏教や禅に由来する言葉というわけです。

それはさておき、なぜ伽藍堂に物を置かないのでしょうか。

目の前のことに心を置いてしまい、坐禅修行に専念することができなくなるからです。修行の妨げになるのです。

けれども、いかにがらんどうとはいえ、本当に何もない、無機質な空間ではありません。坐禅をするために畳が敷かれているのはもちろん、障子や雨戸、欄間《らんま》、火灯窓《かとうまど》という禅寺特有の形をした窓など、さまざまな設《しつら》えがあります。

私が修行をさせていただいた、鎌倉の大本山建長寺の禅堂では、中央に文殊菩薩《もんじゅぼさつ》さまを安置しています。

そこに戸帳《とちょう》という手折りのきれいな金襴の布が下がっているなど、がらんとした空間のなかにも、そこここに様式美が施《ほどこ》されていました。

そのようにある程度、物があると、自分と物との関係性を感じることができます。

そこに畳があるから、心地よく坐禅に専心することができる。

そこに文殊菩薩さまがいらっしゃるから、今日一日しっかりと修行をしようと気持ちを新たにすることができる――。

このように、人や物の関係性のなかで私たちが生かされているという考え方を、仏教では「縁起《えんぎ》」と呼び、智恵の泉源としてブッダの時代から大切にされてきました。

人間も動物も物も、この世のありとあらゆるものは縁でつながっていて、その縁があって、互いの存在を認識することができる、ということですね。

そんな仏教の考え方から見ても、部屋にあふれ返っている物を減らすという心がけは、理にかなっています。

あまりにも多くの物に囲まれていると、一つひとつの大切な物や人とのご縁が希薄なものになってしまいます。目の前で本当に向き合うべき物事に対しても、心ここにあらずでは本当の自分自身で向き合うことができなくなってしまうのです。

みなさんは、いかがでしょうか。

ご自身のお部屋のなかに、あふれ返っている物はないでしょうか？　本や雑誌、マンガ、書類、ペットボトル、お化粧道具、文具、ＣＤやＤＶＤ、衣類、タオル類……まずは「半分」を目安に、いまから減らしてみませんか？

片づけは、ここから手をつける

まず、「よく目に映る場所」にある物から

「片づけは苦手」という人はとても多いものです。

日に日に散らかっていく部屋を見ながら、「そろそろ片づけなくちゃな」と思いつつも重い腰がなかなか上がらず、そうしているうちに部屋は何から手をつけてよいかわからない状態になってしまう……。

片づけに重い腰が上がらなくなってしまう理由の一つに、「どのような手順で片づければよいのかわからない」ということがあると思います。

そんなみなさんのために私がおすすめしているのが、

「よく目に映る場所にある物から減らす」

という方法です。

つまり、**まずは「目に入る情報量を少なくする」ことから着手**してみるのです。

たとえば、デスクの上。

以前、精神的な疲労を抱えて心身の不調が慢性化し、クリニックにいらっしゃった三〇代のゲームクリエイターの男性から、「デスクの上にはいつもデスクトップ型と、ラップトップ型のPCが二台あって、それからタブレットと、スマホと、ガラケーも置かれた状態で仕事をしている」というお話をうかがいました。

あまりにも多すぎて、電話が入ったり、メールの着信音が鳴ったりしても、一瞬、どこから音が出ているのかわからないほどだそうです。

私は驚いて、「仕事中にそれらをすべて使うから置いているのですか？」と尋ねてみたところ、「そうです」とおっしゃいます。

「でも同時に全部を見るようなことはありませんよね？」と続けて問うと、「それは物理的にできません」とのことでした。

それならば、いかに膨大なデータを扱うゲームクリエイターといえども、そんなにたくさんの情報端末を常にデスク上に置いておく必要はなさそうなものですが、彼の言い分はこうです。

「すべてをデスク上に置いて、いつでも使えるようになっていないと、なんか不安なんです。手元に全部あるからすぐに対応できる、っていう感覚を欲しているのでしょうか……」

"デジタル疲れ"を緩和する

「手元に情報端末を全部そろえていないと不安になる」と話す彼の、「精神的な疲労を抱えている」原因がまさにそのたくさんの情報端末が視界にひしめいていることにあるのは、あきらかだと思われました。

そこで、最も使用頻度が高いというラップトップとデスクトップのPC以外は、デスクの下に設けてある棚に置くよう助言しました。

これなら、もしそれらが必要になっても、少し手を伸ばせばすぐ取り出せます。とにかく、**視界にあふれる物（情報機器）をいったん減らす**ようにしてもらったのです。

その効果は、てきめんでした。仕事にとりたてて不都合や支障を生じることもなく、疲れの自覚はかなり緩和されました。

意外だったのは、デスクの下に置いたスマホやタブレットなどの情報端末を、仕事中に取り出す必要がほとんどなかった、ということ。これには彼自身も驚きを隠せませんでした。

ようするに、仕事中に対応しなければいけないほど切迫した用件が、そうした端末から入ることはほぼなかったのです。急ぎの要件はたいていデスクトップのメールで、もっと緊急の場合は内線電話、あるいは上司や同僚から口頭で告げられることがほとんどだったと気づきました。

彼ほどではなくとも、いまはデスク上に情報機器を複数台置いている人は少なくないでしょう。〝デジタル疲れ〟を緩和するためにも、まずはデスクの上など、よく目に映る場所から物の量を減らすことをおすすめします。

「ジャンル」ではなく「大きさ」や「高さ」で整理する方法

もう一つ、「目に入る情報量」を少なくするために、

「デスクの上や、棚に雑然と積み上げられている物の類《たぐ》いは、〝大きさ〟や〝高さ〟をそろえて置き直す」

という方法があります。

高さの低い物から高い物へ、逆に高さの高い物から低い物へと、なだらかな線を描くように並べ替える。あるいは大きい物を下にして、小さい物を上に積んでいきます。ようするに、見た目を整然とさせることで、視覚への「介入度」が小さくなり、「注意資源」の消費を自然と減らすことが期待できるのです。

たとえば、本を整理するとなると、「どう分類して並べようかな。作家別にしようかな。ジャンル別にしようかな」などと考えこんで、分類すること自体に脳と心のエネルギーを消耗してしまったりします。

そのうち面倒になって、結局は「やーめた、またにしよう」となってしまうことも少なくありません。

それよりも**「高さ」や「大きさ」で整理する方式のほうが、何も考えずに機械的に処理でき、整理がスムーズに進みますし、「注意資源」もあまり浪費しない**ので、一石二鳥といえるでしょう。

テーブルの上、テレビ、ソファ、ベッドのまわり。こうした家のなかでもよく視界に入る場所を、できるだけ物がない状態にするよう心がけるとともに、なくすことが難しい物は、「高さ」や「大きさ」ですっきり整理しましょう。

もう一つ、視界からなくす物はいったん、段ボール箱などにまとめて、押入れや収納棚に入れておくことも効果的です。

「どこにしまおうかな」「箱をどうやって分けようかな」と考え出すと、片づけや収納が苦手な人は、たちまちイヤになってしまうからです。

それに押し入れやクローゼットにしまった物のうち、あとで必要になって取り出す物はそう多くはないと思います。多くてもせいぜい「半分」くらいなのではないでしょうか。

それ以外の半分は、なくても困らない物、つまり捨ててもいい物ということになります。思い出の詰まった大事な物でない限り、思い切って処分することも考えてみてはいかがでしょうか。

断捨離ブームに、ちょっと一言

実は危険な「捨てる快感」

物が増え、「片づけられない人たち」が増えていることを背景に、ここ数年、「断捨離」がブームになっています。

この本も、いわゆる断捨離術を紹介する本なので、矛盾するようですが、あえて警鐘を鳴らしたいことがあります。それは、

「断捨離には、いきすぎてしまう危険がある」

ということです。

物を買うときって、ちょっと気持ちが高ぶりますよね。欲しい物が手に入れば、誰だってうれしいもの。

でも実は、物を捨てるときも気持ちが高ぶることを、知っておられるでしょうか?

バンバン物を買うのも、バンバン物を捨てるのも、同じくらい気持ちが盛り上がることがあるのです。

これにはちょっと注意が必要です。

「中道の精神」を尊ぶ仏教的観点に立つと、「高揚感」に引きこまれるようにして行動してしまうことは、たしなめられるべきこととされているのです。

なぜなら、**一時の気持ちの盛り上がりにまかせて行なったことは、だいたいあとで悔やむことになってしまう**からです。

そのことを私は、日々の診療を通しても実感しています。「買ってから後悔する」あるいは「捨ててから後悔する」ことを繰り返してしまう方が少なくないからです。

なかには「買ってから後悔して売る。売ってお金が入ると、また高揚感が出てきて、本当は必要のない物を買ってしまう。それでまた後悔して、また売って……」ということを繰り返しているという方もおられました。

最近ではいろいろなネット上のサービスを使って、手軽に個人同士で物を売ったり買ったりができるようになりました。とても便利で、物を大切に再利用できる画期的なサービスですが、残念ながらこうした便利なシステムが、さらなる過剰消費の連鎖を生んでしまっている現状も見逃せません。

「捨てる快感」と「手に入れる快感」は似ている

以前クリニックで、**「捨てることに快感を覚える、その感覚は、買うことで生じる快感とよく似ている」**とおっしゃっていた患者さんがいらして、印象的でした。

高揚した気持ちの勢いにまかせて、要・不要を考えずに捨ててしまい、「あー、あれは捨てなきゃよかった」と後悔して落ちこんでしまう。そんな気分のアップダウンを繰り返す人が少なくないのです。

なかでもとくに気をつけたいのが、ファッション感覚で「ミニマリスト」を自称する人たちの影響です。「物を持たないのがかっこいい」とのポリシーのもと、極端に物を減らし、なかには人間関係までもスパッと、まるで服についたホコリや糸くずを払うかのごとく切り捨てる人がいます。

捨てることの高揚感から、人間関係においても勢いにまかせ、「つい、やりすぎて」しまうわけです。

でも本当のところは、心が追いついていないことにご本人は気づいていません。肝心なことは、こうした人はミニマリストという言葉を使って、「人と向き合うことをしない選択」をしているということです。他者と心をこめて向き合うことができない、その背景には自分自身と向き合い、自らの存在をあるがままに認めることへの臆病さが垣間見えるのです。

物や人をどんどん捨てていくことの快感とは裏腹に、ますます孤独感を深め、日々が寂しいものになっていく――。

はたと気がついたとき、本当に一人きりであることを感じた……そんな苦しさを抱えてクリニックにいらっしゃる方が、ここ数年とても増えていることを実感します。

自分に「待った！」をかける習慣

私たちの心はシーソーのようなもので、気分のいい状態と悪い状態がバランスを取ってゆらいでいます。

精神医学的には、躁《そう》状態とうつ状態といいますが、治療が必要なレベルではないにしても、誰しも軽い高揚感や憂うつといった気分のゆらぎを経験しながら生きていきます。いつも高揚感と多幸感に満たされて一生を過ごすことができればいいのでしょうが、そうはいかないのが人間の心と脳のシステムです。

大きく高揚したあとには、必ずぐったりと疲れて意欲が出なくなるときがある。それが自然な心のバランスです。

むしろそうして意欲が低下するからこそ、私たちは心と体を休めることができる、と考えるべきでしょう。

しかし、**気分の高揚にまかせて物を買ったり捨てたりという、ある意味「あと戻りのできない」行動を取ってしまうことは危険**といわざるを得ません。

なかには、

「知人が最近ミニマリストを自称するようになった、SNSにその様子をアップして周囲にアピールしたり、自分にもこんなにいいものだから断捨離をやってみたほうがいいとすすめたりしてくるようになり、どう対応したらいいか迷っていた。ところがある日突然、連絡が途絶えてしまった。何か月も返信がないのでさすがに心配になって、その人の親しい友人や親せきにどうしているのかと聞いてみると、うつになって療養生活を送っていた。仕事もやめ、自宅にこもって苦しんでいたことを知った」というご友人を心配する相談もありました。

高揚した気分にまかせて断捨離とそのアピールに力を使いはたしてしまい、心の不調をきたしてしまったのです。不要な物だけでなく、心のエネルギーまでも断捨離してしまうことは、避けなければなりません。

物を買うときも、捨てるときも、いずれの場合も行動に出る前に、自分自身に「待った！」をかける必要があります。

高揚感にも「句読点」を打つ感覚でひと息入れて、「これ、本当に必要だろうか？もう一度よく考えよう」「捨てるのは、まず半分にしておこう。あと半分は、あらためて検討しよう」などと心のなかで自分に語りかけてあげることが大切です。

単純なことのようですが、実はこういった習慣は、とても大きな助けとなってくれるのです。

「やめどき」をしっかり心得る

「依存症」のメカニズム

「買う」「捨てる」という行為に限らず、何をするにもテンションを上げすぎる傾向が、ここのところ多くの人に見られるように感じます。

なぜそうなっているのか。それはあまりにも「不安」が多すぎる時代だからではないかと私は考えています。

仕事のこと、家族のこと、人間関係のこと、それに加えて異常気象、未知の感染症との闘い……さまざまな不安が心に重くのしかかっていて、それらから心を防衛するためにテンションを上げている、という見方ができます。

精神医学の分野では、こうした反応を「マニック・ディフェンス」と呼んでいます。

日本語に訳すと「躁的防衛」。自分の気持ちをかりそめの躁状態にすることで、日ごろ感じている不安や心配事、悩みなどを自覚しなくても済む状態にしておくという、心の防御反応の一種です。

このマニック・ディフェンス、実は「依存症」と呼ばれるさまざまな問題行動とも密接に関わっています。

買い物依存、ギャンブル依存、アルコール依存、薬物依存……心身の健康を害する依存行動にはさまざまなタイプが存在しますが、すべてに共通する性質は、「快刺激」であるということ。その行為や行動をしているときは、楽しくて非常に心地よいわけです。

でもギャンブルなら大負けして損をしたり、アルコールならケンカをしたり二日酔いで苦しんだり、買い物ならカードの支払いに追われたりと、あとになって必ず後悔するという性質も、多くの依存行動に共通のものです。「あー、またやっちゃった……」と自己嫌悪に陥《おちい》ってしまうのです。

そんなことを繰り返しながらも、その行為に発散や心の救いを求めて、どんどんエスカレートしてしまう。気がついたらそれなしでは生きていけないくらい、のめりこんでいってしまいます。

買いたい衝動の〝沸点〟を見極める

では、どうすれば依存症を治療することができるのでしょうか。言い換えれば、どうすればこうした依存行動への衝動をコントロールできるようになるのでしょうか。

そのためのカギとなるのが、**「自分の心を観察する」**ということです。

人が依存行動を取るとき、必ずその直前にそれをやりたいという「衝動」が心のなかに生じています。

ふだんはこうした衝動には気をとめることもなく、気づいたときにはもうネットショッピングをしたり、ビールの缶をプシュッと開けたり、大量の馬券を買ったりしているわけです。

そこであえて**「自分のなかにわずかな衝動が、ふと湧いた瞬間、しっかりと観察してみる」**という心のスキルが非常に重要だということです。

お湯を沸かすときに、やかんに水を張ってコンロの火にかけたり、電気式のケトルいのスイッチを入れたりすることをイメージしてみてください。

最初ある程度の高温になるまでは、音もなく加熱する時間がけっこうありますよね。そしてある時点、だいたい八〇度くらいまで水温が上がると、プップツと小さな泡が水面ではじけるようになり、しばらくするとボコボコと大きな泡が絶えず沸いて、沸騰するというわけです。

でも実際には、四〇度〜五〇度の時点で非常にこまかな泡が音も立てずに発生するということを、小学校時代の理科実験で見たのを覚えておられるでしょうか？（私はみごとに忘れていました……）

なぜこのような話をするのかというと、**買い物、ギャンブル、大量飲酒といった依存行動を沸騰したお湯に、そのような行為をしたいという衝動を立ちのぼる泡に見立てて、考えていただきたい**からです。

八〇度を超えて、はっきりと泡がはじけるのがわかるようになったところで衝動を止めようとしても、水温が下がるのには多くの時間と労力を要します。まして沸騰して衝動が爆発してからそれを抑えようというのは、至難の業です。

でも**四〇度くらいのぬるま湯の状態で、音も立たないような小さな泡、つまりかす**

かな衝動に気づくことができたならば、火を止めさえすれば、ものの一〇分で常温に心を戻すことができるでしょう。

そのようなかすかな衝動に気づくには、当然ながら心のなかをしっかりと観察する能力が求められます。

そして、そうした「心の観察眼」を磨く方法こそが、この本でもいろいろと紹介させていただく「マインドフルネス瞑想」であり、古くはヨーガ、ヴィパッサナー瞑想、坐禅、太極拳といった東洋の智恵として編みだされた、さまざまな心の修養法なのです。

「やめどきのさじ加減」のつかみ方

物を捨てることに関しても、心の観察眼の有無によって大きな違いが生じます。捨てるときに「半分、捨てる」ところで踏みとどまるためには、ほどほどに整理ができたという事実と、それに伴って心も整えることができたという感覚を「感じる」能力が必要となります。

それを感じ取ることができなければ、どこまで捨てても**「やめどきのさじ加減」**がわからず、いつの間にかテンションにまかせて捨てすぎてしまうからです。

「たかが物を捨てるだけのことじゃないか」――そう侮《あなど》らないことが大切です。序章で、

「中道の精神を大切にして、何事もほどほどを心がける」

というマインドを磨かないと、断捨離はうまくいきません、と述べましたが、そうでないと、〝捨てる快感〟に心がからめとられてしまう危険性がある、ということをぜひ覚えておいていただきたいのです。

そして中道のマインドを磨く方法が、マインドフルネス瞑想であり、より少なく、より豊かなマインドフルな暮らしそのものであるということを、ご理解いただければ幸いです。

「捨てる」前に、まず「分ける」

「三つに分ける」整理術

物を処分するときは、「分ける」ことを意識するといいでしょう。

捨てる物をその日のうちにゴミとしてまとめずに、いくつかの段ボール箱を用意し、そこに「分ける」形で整理するのです。たとえば、

- **使う頻度が最も高い「一軍選手」**
- **使う頻度は高くはないが、取っておきたい「二軍選手」**
- **ここ三年以上使っていない「三軍選手」**

などに分けるのです。

この方式なら、あまり迷うこともなく、分けることができると思います。そのうえで、物の種類に応じた収納場所のなかで一軍・二軍のエリアを決めてしまっておくといいでしょう。

問題は〝三軍選手〟です。必要な物まで捨ててしまわないように、とりあえずひと晩か数日、あるいはじっくり検討したいようなら一年ほど、段ボール箱のなかで寝かせておくことをおすすめします。

「なかなか捨てられない物」ってありますよね。

その代表選手は「洋服」でしょう。マフラーやスカーフなどの小物、バッグやリュック、ポーチなどもそうだと思います。何年も着ていない、身につけていない物でも、

「いつか着るかもしれない」

「何か合わせられる服がありそう」

「高かったからもったいない」

「また似たようなものが流行するかも」

「ダイエットに成功した暁《あかつき》にはまた着られる」という意識が働いて、「捨てようとしては、またしまって……」といったことを繰り返している物もあるのではないでしょうか。

実際、捨てずに取っておいたおかげで、何年もあとになって〝掘り出し物〟的な魅力を再発見する場合もあります。

〝宝の持ち腐れ〟を防ぐには？

ですから、洋服などの衣類は、無理して捨てなくてもいいでしょう。ただ**クローゼットやタンスのなかを先の序列のように、「日々、ローテーションで着回している服、使い回している小物」のエリアと、「ときどき使うもの」のエリア、「三年以上、着ていない・身につけていないもの」のエリアと、三つくらいに分けてみるとよいでしょう。**

何年も使っていないからとしまいこむと〝宝の持ち腐れ〟になりかねないので、目の届くところに収納しておくのがコツです。

数か月に一度くらいは使っていない物のエリアの服や小物に目をやると、「ちょっと着てみようかな」という気持ちがわいてきたりするものです。

そんなふうに価値を再認識してあげることで、打ち捨てられそうになっていた洋服や小物も息を吹き返し、いままでよりファッションのアレンジを楽しんだり、物を大切にしたりする豊かな心を持つことができるようになるかもしれません。

そしてもちろんのこと、「使わない」というムダを半分は減らすことができるようになるはずです。

いま、世界では**「衣服ロス」**の問題が深刻化しています。

「日本では年間三〇億着の洋服がつくられ、その半分にあたる一五億着が売れ残って廃棄されている」ともいわれています。このことが地球環境へも大変な負担を与えることは想像に難くありません。

この「衣類ロス」の問題、一見すると企業が取り組むべき課題のように思われます。それはもちろんなのですが、一方で私たち消費者の側も、**「むやみに捨てない」ことで「衣類ロス」の削減に貢献できる**のではないでしょうか。

その意味でも「半分、減らす」感覚を生かしていきたいと思うのです。

私の「本の整理法」

ざっくり二つに分ける

本なども捨てるべきか否か、迷う方が多いのではないでしょうか。

ひと昔前までは「本はできるだけ取っておく、雑誌は古くなったら捨てる」といった明確な基準で整理していたという方が多いでしょう。

しかし最近では本、つまり「ブック」と、雑誌、つまり「マガジン」のいいところを掛け合わせた「ムック本」という形態の書籍が多数登場して、書店などでもムック本が所狭しと並んでいるのを見かけます。

つまり、形は雑誌のように見えるけれど、内容はあるテーマに特化して深く掘り下げる書籍に匹敵する充実度を特徴とした出版形態なのです。

比較的安価で手軽に買えて、大判で読みやすく、かつ専門性も高いという利点を有するこのムック本はとても重宝します。

だからこそ、雑誌のように捨ててよいのか、保管しておくべきなのかの判断がとても難しいという声も。残しておくにはサイズが大きいため、場所をふさいでしまうと感じている人も少なくないようです。書籍の整理術も、新しい時代に突入しているのかもしれません。

そこで**私は、本棚のなかを、書籍の「形態」にこだわらず、たとえば薬剤のガイドブックや病気の診断基準をまとめた本など「いつも手元にないと心配になるくらいよく調べる本」と、「いつか時間ができたら読みたい本」にコーナー分けすることにしました。**

新書、文庫、ムック本、あるいはこれだけは永久保存版だと思う雑誌と、種類はさまざまですが、だいたいの大きさ順で並べておけば見た目もスッキリしますし、これで特別不便さを感じたことがありません。

急いでいるときには本棚の左半分を、時間ができてゆっくり読書したいときには右半分を探せばいいので、必要な本を見つけるのがとてもラクになりました。

私の「これだけは捨てられない本」

また「読了した本」で、「何度でも読みたい本」は本棚の奥のほうのコーナーに収め、「たぶん読み返すことはないけれど、捨てたくない本」は段ボール箱に入れて、押入れにしまっています。

もちろん、これはもう読まないだろうから誰かにお譲りしたいと思った本は、古本を扱う業者さんに持っていくなどして、適宜処分しています。

本というのは不思議なもので、同じ本でも自分の年齢や置かれた環境によって、まったく違う学びや気づきを得ることができたりします。「感動が新たになる」とでもいう感覚です。

私が四歳か五歳だった幼稚園時代に先生から読み聞かせをしてもらった本に、絵本作家の五味太郎さんが書かれた『がいこつさん』（文化出版局）という作品がありま す。肉も皮もない、白骨だけのガイコツが主人公という衝撃的な設定なのですが、なんともほのぼのしていて、それでいていろいろな気づきがあるこの本が大好きで、四

○歳になったいまでも大切に読み続けています。

とはいってもしょっちゅう読んでいるわけではなく、二年か三年に一回、忘れたころにふと手にしてめくってみると、毎回そのときの自分自身に照らして、新たな発見があるのです。

もちろんすべての本を読み返していたら時間がいくらあっても足りませんが、ときとしてそんな「自分だけの名作」に出会えれば、読み返すたびに喜びがある。そのことを知っているので、本ばかりは「読んだからポイ」とはできない私です。

捨てるときは〝マインドフル〟に

前にお話ししたように、ミニマリストならずとも、**「捨てよう」と思って整理しはじめると、心がだんだん〝捨てる快感〟に支配されてしまう**ということは少なくありません。

「捨てようか、取っておこうか」と考えること自体、途中からだんだん面倒になってきて、機械的に捨てるようになってしまうからです。

つい、勢いにまかせてポンポンとゴミ袋に投げ入れてしまったようなときは、その日のうちにゴミ捨て場に持っていかないで、できれば少しの間、部屋の隅っこや廊下の端に置いておくことをおすすめします。

そうしてひと晩寝てから翌朝、あるいは数日後に、ゴミ袋のなかをもう一度見直してみてください。おそらく**作業の最後のほうになればなるほど、「これ、まだ捨てちゃダメだった！」と思う物がたくさん見つかる**のではないでしょうか。

理由は簡単。「気無《きな》し」、つまり心がそこにない状態で、自動操縦のようにして捨ててしまったからです。言い換えれば、「マインドレス（マインドフルの逆）に捨ててしまった」ということです。

そこで後悔しないために絶対的に必要なのが、

「マインドフルに捨てる」

ということ。

これに尽きます。前の例でいえば、〝三軍候補〟に分類した段ボール箱を開け、一つひとつの物にしっかりと心を向けて、よく考えてみるのです。

それで「捨てる」（あるいは中古で売る）と判断したら、その決意を固めて、きっぱり〝別れ〟を告げましょう。

「もう十分に使い切ったから、申し訳ないけれど、捨てさせてもらう（売らせてもらう）よ。いままでお世話になったね。本当にありがとう」

こんなふうに感謝の心をこめて捨ててみていただきたいのです。自分できちんと「使い切った」という納得のうえで処分することができるので、後悔は少なくなるはずです。

間違って捨てても〝代え〟のきく物なら、また新品を買い直せば済む話ですが、そうではない場合も多々あるのではないでしょうか。

たとえば大事な人の形見とか、思い出の詰まった物、市場に出回っていない物などを、いっときの気の迷いで捨ててしまうと、取り返しがつかないので、用心が必要です。

物に対する「ありがとう」の思いが、物を捨てすぎず、ためすぎず、中道の精神に則《のっと》った「半分、減らす」を実践することにつながるはずです。

考えない片づけ――これがコツ

片づけを「ルーティン化」する

部屋が散らかる原因は、物を捨てないことだけではありません。

当たり前のことではありますが、私たちは散らかった物をしばしば、「片づけない」ままにしてしまいがちです。

片づけが苦手な人は、「物は使ったら、もともとしまってあった場所に戻す」という単純すぎるくらい単純な「片づけのルール」に則って行動することが難しいのです。

どうすれば改善できるのでしょうか。

ベストな方法は、

「日常生活のさまざまな行動のなかで片づけを〝ルーティン化〟してしまう」

ことです。

たとえば「帰宅後の行動」を考えてみましょう。

なんといっても**帰宅後は物を散らかしてしまうリスクが最も高い時間帯**です。まず帰宅後の行動を振り返ってみましょう。

洋服を脱いで、そのへんにポイと投げ捨てていませんか？

カバンや時計などをはずして、適当な場所に置きっぱなしにしていませんか？

お風呂に入ろうと、洗濯された下着やパジャマなどをタンスまたは〝洗濯物の山〟から引っ張り出すとき、洗う物はそこらへんに放っぽりだしたままにしていませんか？

数え上げればきりがありませんが、これを繰り返していると部屋は散らかり放題になるのもしかたありません。

ではどうルーティン化すればいいのでしょうか。その一例をあげてみましょう。

「帰宅後の片づけ」のルーティン化

①帰宅したらまず、靴を脱いできちんとそろえる。あるいは簡単に汚れを拭いて下

駄箱に入れる。
②手を洗い、うがいをする。
③クローゼットに向かい、スーツとネクタイを脱ぐ。そのときにポケットの中身を点検し、時計や財布、パスケースなどと一緒に、タンスの引き出しや「携帯品ボックス」のようなところにしまう。
④使い終わったハンカチや、紙ゴミなども取り出して、ポケットは完全に空の状態にしてから、スーツはハンガーにかけておく。
⑤クリーニングに出すものは専用のボックスに、自宅で洗濯するものは風呂場の脱衣カゴに、というふうに分ける。

そんな具合です。

なんだ、そんなこと、当たり前にやっているよという方もおられると思いますが、その一方で、どれも全然やってない！ という方もいらっしゃるのではないでしょうか。それほど、帰宅後のルーティンは人によって千差万別です。

ご紹介した動作の一つひとつはどうということのないものばかりですが、「手順を決めてルーティン化する」ことで、いちいち「次、何をしよう。これ、どこにしまおう」などと考えなくていいようになります。

ではこうした新しい習慣をルーティン化するためには、どれくらいの期間、意識して行動することが必要なのでしょうか？

二〇〇九年にロンドン大学で発表された研究結果によれば、**人は個人的な生活習慣を変容させるのに平均「六六日間」を要する**ことがわかりました。

もちろん個人差があり一概にはいえないのですが、少なくともちょっとがんばって日常動作を変える試みを二か月か三か月、毎日意識して行なえば、やがて自然な習慣として定着する可能性が高いというわけです。

毎日、「同じ片づけ動作」を繰り返そう

考えない片づけ――それがコツです。

帰宅後のルーティンと同様、朝出かけるまでの動作や、食事後の動作、休日の過ごし方のスタイルなども、「使った物はあるべき場所にしまう」ことも含めて、ある程

度ルーティン化することをおすすめします。

常に同じ片づけ動作を自動的に繰り返すことができるようになると、部屋に散らかっている物を自動的に半分――どころかもっと減らすことができます。

私たち禅僧が修行時代に経験させていただく生活スタイルは、きわめて単純明快です。

たとえば朝は鐘の音を合図に起床し、それからたったの七分間ですべての用を足して、本堂に行って全員で朝のお勤めのお経をよみます。

また夜は、着ていた衣を脱いで柔道着のように、くるっと丸めて棚に収め、代わりに丸めておいたせんべい蒲団をバッと広げて敷き、ものの二〇秒で灯りが消されて就寝してしまいます。

入門当初はうまく動くことができず先輩に怒られてばかりでしたが、慣れてくるとこれが実に爽快！　物が散らかる隙もありませんし、そもそも修行僧は散らかる物自体を、持ち合わせていません。

「いつもの荷物」を半分、減らす

荷物が軽いと、心も軽くなる

外出の際、どうしても持ち物が多くなってしまうという方は、意外と多いのではないでしょうか。

仕事で取引先を訪問するとき、地方に出張するとき、プライベートで小旅行をするとき、「これも必要かな。あれもあったほうがいいだろうな」と、ついつい荷物が増えていってしまうものです。

仕事に関係する資料などは減らしようがないかもしれませんが、それ以外のもので減らせる荷物、意外とあるのではないでしょうか。

いまの時代、もし忘れ物があったとしても、よほど人里離れた場所でない限り、コンビニで手に入れるという最終手段もあります。

また、仕事で念のため確認できるようにと持っている紙の資料などは、日ごろからPCやタブレットに画像データにして入れておいたり、USBに入れて持っておいたりすることも可能です。

旅も含めて移動は、身軽にしておくことがおすすめです。なぜなら荷物が軽いとその分だけ、気持ちも足取りも軽くなるからです。

旅先の乗り継ぎで、小一時間空いたときをイメージしていただきたいと思います。もしご自身が大荷物を持っていたとすると、まず考えるのは「どこのカフェに入ろうか」「待合室で空いている椅子はないかな」といったことになるのではないでしょうか。

それがもし、軽い手荷物か、あるいは背中に背負えるリュック一つだった場合、「近くに面白そうなお土産屋さんがあるな」とか、「歩いて五分くらいのところにパワースポットの神社があるらしい。ちょっと行ってみようかな」といった、「少し足を延ばす」発想が浮かぶかもしれません。

旅先でちょっと足を延ばした先には新しい発見があり、それがたとえ出張でもプライベートの旅行でも、旅の思い出にいろどりを添えてくれるに違いありません。

帰宅したら「すぐ」チェックすべきこと

そのためには、ふだんからなんとなくカバンに入れっぱなしになっているけれど、実はほとんど使うことのない物をチェックして、こまめにカバンから出しておく習慣をつけましょう。

いつも重いカバンを持ち歩くのが習性のようになっている方は、ぜひ「半分、減らす」をメドに荷物を減らしていってみてください。

そうしたことを日ごろから意識をするのは難しいと感じている方も、**「旅から帰ったそのとき」にカバンやリュックのなかをざっとチェックする習慣**なら、身につけやすいと思います。

最近では感染症対策のため、外出から帰宅した際、すぐにアルコール入りのウェットティッシュでカバンの底や持ち手を拭くという方もいらっしゃると思います。ぜひ「消毒作業」と「荷物整理」を、帰宅時のルーティンとしてセットにしていただくことをおすすめします。

玄関を開けて靴を脱いだらまず、「持って行ったけど、結局は使わずに持って帰ってきた」という物から省いてみる。おそらく、「半分」どころか、もっとたくさんの持ち物を減らして、カバンを軽くすることができるのではないでしょうか。

「雲水」に学ぶ、ミニマムな生活

「荷物の少なさ」という点では、雲水《うんすい》の生活スタイルの右に出るものはないのではないでしょうか。

ご参考までに、私が一〇年前に鎌倉の大本山建長寺《けんちょうじ》にある修行道場、通称「建長僧堂」に入門し、三年ほどの修行をさせていただいたときのことをご紹介したいと思います。

「雲水」とは、禅の修行僧のこと。昔の修行僧は、師匠を求めて道場から道場へと旅をしながら、禅の境地を学びました。仏に導かれて旅をするその姿が、あたかも空を行く雲や河を流れる水のようであったことから、「行雲流水《こううんりゅうすい》」と呼ばれました。

これを略して修行僧のことを「雲水」と呼ぶようになり、地元の方々から「雲水さん」として親しまれる存在になったと伝えられています。

現在はというと、かつてのように複数の道場を転々とする雲水さんはむしろ少数で、私も含めて多くは建長僧堂なら建長僧堂で三年、円覚《えんがく》僧堂なら円覚僧堂（大本山円覚寺の修行道場）で三年といった具合に、一か所でずっと修行をするスタイルが定着しています。

さて、雲水さんが入門するときの持ち物ですが、みなさんが日ごろ持ち歩いているバッグに代わるものは、首にかけた「袈裟《けさ》文庫」です。

これは、文庫本が入るくらいの小さな箱で、ここに小さく丸めた袈裟や下着二、三枚、経本、頭を剃るときに使うカミソリ、歯ブラシなどを入れます。

またこの袈裟文庫の外側や首にかけるひものところに、雨合羽などをくるんだ風呂敷や、五種類の大きさのお椀《わん》が重なった「持鉢《じはっ》」という食器をくくりつけています。ちょうどロシアの民芸品「マトリョーシカ人形」のように入れ子状になっているので、五つあってもとてもコンパクトなのです。そして、頭にかぶるのは竹で編んだ大きな網代傘《あじろがさ》。

たったこれだけですが、修行の旅をするのに必要十分な〝荷物〟なのです。

身だしなみをきちんと整え、坐禅や作務をして、お経をよみ、食事ができれば、ほかに何もいらない。これが禅の修行僧のライフスタイルというわけです。

もちろん、これをそのままみなさんが実生活で実践することは難しいと思いますが、**でも身支度をするとき、心の片隅で、いつも必要最小限の荷物しか持たず修行に励む、雲水の姿を思い出していただけたら幸いです。**

自然と荷物を半分、とまではいかなくても、いつもよりグッと減らして軽やかに出発できるのではないでしょうか。

お風呂場を整える

「自分のためだけ」に使える最高の時間

「お風呂タイム」は一日の疲れを癒し、消費したエネルギーを充填してくれる大切な時間です。体の汚れを落としてくれるだけではなく、〝心の垢〟まで落としてくれます。

とりわけ「お湯につかる」という習慣をここまで大切にしているのは、日本ならではの伝統といえるのではないでしょうか。

「お湯につかってだんだん体が温まっていくのを感じる」というのは、日本オリジナルのマインドフルネスともいえるかもしれません。

哲学者の和辻哲郎さんは『古寺巡礼』（岩波文庫）という本のなかで、西洋のお風呂は「体のあかを洗い落とすにすぎない」とし、日本のお風呂は「湯のあとのさわやかな心持ちや、あるいは陶然《とうぜん》とした気分などを味わう場所である」と書いておられます。

「まったく同感！」と感じ入りました。

お風呂は頭を空っぽにするご褒美の時間。実は私もお風呂、とりわけ温泉は幼いころから大好きです。出張先などでも、よくマインドフルに温泉を楽しんでいます。

日ごろ、多くの方は家で「一人になれる時間」を持つことが難しいのではないでしょうか。お子さんがいるご家庭や、ご自宅で介護をされている方ならばなおさらだと思います。

一人暮らしの方は毎日が一人時間のようにも思えますが、実は一人で過ごしてはいても、本当の意味で「自分のためだけ」に時間を使うことは、なかなかできない人が多いものです。

そんななか、「お風呂タイム」はまさに自分のためだけに、一人で過ごせる貴重な時間ですよね。

だからこそ入浴の間だけは、スマホを持ちこまず、できればテレビや音楽、本などもひととき手放して、自分の心と体で湯の温もりをていねいに感じていただきたいと思います。

お風呂のすばらしさは、服を脱いで体だけでなく心も裸一貫、生まれたままの姿に戻れるところにあります。いうなれば「もっとも自分自身の感覚と向き合える〝服装〟」です。何もまとわない、オープンな心で開放的に過ごせる貴重な場所です。

せめて二日か三日に一度は湯船につかろう

お風呂時間にぜひおすすめしたいのは、お湯につかって体が温まっていくのを感じながら、218ページでご紹介する**「ありがとう瞑想」**を行なうことです。

「大切な人が幸せでありますように。自分自身が幸せでありますように」と願う、いたってシンプルな瞑想です。

この瞑想のルーツは、あのダライラマ14世も毎日実践されているという「メッター（慈悲）の瞑想」で、自らの存在をいたわり、他者に感謝を向けることのできる温かな瞑想です。ていねいに身を清めるお風呂タイムに取り入れていただけば、格別の

「癒し時間」となるでしょう。

実は私がお風呂の時間を大切にしている背景には、幼いころの原体験があります。亡くなった母方の祖父は、永久良雄和尚という曹洞宗のお坊さんだったのですが、その祖父が生前、風呂場のタイルに「洗心無垢《せんしんむく》」という言葉を書いたのです。

これは「純真無垢」という言葉を祖父がもじったもので、辞書には載っていない造語です。幼いころの私は、良雄和尚が住職をしていた横浜市磯子区の龍珠院《りゅうしゅいん》というお寺で、一日中汗まみれになって遊び、夕方になるとお風呂に入らせてもらっていました。

そしてタイルに書かれたその四字を眺めながら湯船につかっては、子どもながらに「おじいちゃんが書いたこれ、いい言葉だなぁ」と感じていました。

生まれたときは純真無垢な人間の心は、生い立ちや社会経験とともに、固定観念という名の絵の具で色づけされてゆきます。

でもきっと私たちはいくつになってからでも、石けんで体を洗うがごとく、この心を洗い清めることができる。地域の人たちに永く慕われた祖父からのこのメッセージを、私はいまも心にたずさえて暮らしています。

なんといってもお**風呂は、日中、心身についた垢をきれいさっぱり洗い落とし、疲れやストレスを半分、いやそれ以上に減らしてくれる最良のマインドフル・スポット**です。いつもシャワーで済ませるのではなく、二日か三日に一度くらいは、ゆっくりと、ていねいに、湯船につかって過ごしていただきたいと思います。

さあ、お風呂場を片づけよう

浴室を心身を解放してくれる場所にするためには、一歩立ち入ったときにすがすがしい空間が目に入るようにしておくことが大切です。

棚に物があふれていると、それだけで視界が忙しくなってしまいます。ご自宅のお風呂場はどうでしょうか？

お風呂グッズというのは「いつの間にか増えてしまう」という方が多いようです。シャンプー、コンディショナー、ボディソープや石けん、洗顔フォーム、シェービングクリーム、入浴剤……アイテム的にはそれほど種類も多くありませんが、それぞれに家族の一人ひとりに専用の〝マイ・ボトル〟があったり、基礎化粧品を並べていたりする。そのほか、ドラッグストアなどで安いときに買いだめした入浴剤やら、おもちゃなんかもいっぱい置いてあったりすると、棚はもうしっちゃかめっちゃかな状態に。

そんな「カオスな光景」が、お風呂場のドアを開けた瞬間に飛びこんできたら、その瞬間から注意資源の消費がはじまってしまいます。心が休まらない場所になってしまうでしょう。

しかも、お風呂グッズの容器に黒い水垢がこびりついていてもいようものなら、心まで汚れてしまうような気がしても不思議はありません。

今日たったいまからでも、お風呂場を片づけましょう。

たとえば棚にカーテンをつるすなどしてあふれんばかりのお風呂グッズが見えないようにするとか、日ごろは家族のメンバーそれぞれが専用のカゴに自分の道具を持って置き、入浴の都度、各自浴室に持って入るなどするだけで、視界がすっきりと開けるでしょう。

お風呂グッズを視界から半分減らせば、〝心の垢〟も半分減らせます。と同時に、一日に消耗したエネルギーが回復し、鋭気を養う場所とすることができるでしょう。

2章

「食事」を半分、減らす。

なぜ、「つい食べすぎる」のか？

「太る」理由

令和元年に厚生労働省から発表された「国民健康・栄養調査」の報告によると、成人で肥満がある人の割合は男性三三・〇％、女性二二・三％となっています。

肥満があることによってさまざまな生活習慣病のリスクが高くなることは昔からよく知られており、厚労省も二〇年以上前から予防のための働きかけをいろいろな分野で行なってきましたが、残念ながら肥満を有する人の割合は近年横ばいの状態が続いています。

公衆衛生の分野では最近、「健康寿命」の概念が重んじられるようになりました。

健康寿命とは、「健康上の問題で日常生活が制限されることなく生活できる期間」のことを指しています。

いくら長寿であっても、体に著しい不自由があったり、常時の介護を必要としたりする状態では「健康」とはいえないということで、「長生き、かつ健康」を目指すことが重視されるようになったのです。

そしてこの健康寿命を短縮させる大きな要因と考えられているのが肥満です。肥満度が高くなるほど、健康寿命が短くなります。

その理由はさまざまですが、脳梗塞や心筋梗塞といった動脈硬化が引き起こす病気によって、麻痺や運動制限といった重篤な後遺症を生じることが大きく影響しています。

少し教科書的な話をしてしまいましたが、私たちがこの限られた人生を健やかに生きるために、できることなら肥満を解消したいと思いますし、そもそも太りすぎてしまうことを予防したいと思うのです。

肥満の原因は一つではありませんが、「食べすぎ」がその一翼を担っていることは疑いようがありません。言い換えれば、摂取カロリーが消費カロリーを上回るから太っていくのです。

早食い、ながら食い、ドカ食い……

なぜ、つい食べすぎてしまうのか。その理由は、主に三つに分類することができると私は考えています。

①食べるスピードが速すぎる

「できるビジネスパーソンは、仕事だけではなく食事のスピードも速い」

そんな不文律があるのかどうかはわかりませんが、会社でバリバリ働く人の食事風景を目にすると、よく「え、もう食べ終わったの？」と驚かされます。

「いただきます」もそこそこに、ガーッとかきこむ。ごはんもおかずも、大きな塊を口に放りこむ。何本もの麺を束ねて大口ですする。

豪快な食べっぷりに感心しつつも、「のどに詰まらせちゃうんじゃないかな……」と心配になるくらいです。麺類ならまだしも、ごはん物でも噛む回数がとても少なく、ほぼ「飲んでいる」と思われることもしばしばです。

こんなふうに「早食い」をしていると、満腹中枢が「満腹ですよ」とサインを出す前にどんどん食事が進んでしまいます。

だから食べすぎてしまうのです。

実はこのことは、私たち禅僧の世界にもいえることなのです。私が禅の道場（僧堂）で修行生活をさせていただいた数年間、食事は「とにかく早く」、そして「静かに音を立てずに」食べるよう指導されました。

たしかに音を立てずに食べることは、互いの修行を妨げず食べ物に敬意を払って食事をするために大切とわかりますが、「とにかく早く」のところが問題です。大ぶりのごはん茶碗一杯分の白飯を、味噌汁で流しこむようにわずか三口、四口で鵜呑みにしなければなりません。

私も修行中は「郷に入っては郷に従え」と思い、ほかの人を待たせるのも申し訳ないからと必死で早食いを続けました。

でも道場から戻って数年が経ったころから、ふつふつと疑問がわいてきました。なぜあのような食べ方をしなければならないのか――？

いったいいつから日本の臨済宗の道場ではあんな食べ方をするようになったので

しょうか。

冷静に考えてみて思いますのは、おそらく元来、少しでも坐禅や作務などの修行にあてる時間をつくるための「工夫」だったのではないかということ。

そしてもう一つは、それくらい「必死で食べる」ことによって、食べているその行為以外にはわき目も振らず、目の前の食べるという行為に集中するための「智恵」だったのではないかということです。

でも振り返ってみますと、少なくとも一緒に修行した仲間の多くは、道場で早食いをしなければならない意味を知ることはなく、ただ「ルールだから」と誰の目にも不健康だとわかるあのような食べ方を「させられていた」ように、私の目には映りました。

檀家さん、信者さん、ご縁の深いお寺さんからの尊きご供養によっていただいたお米を、慣れない新米の雲水さんなどはボロボロとこぼしながら涙目になって、早食い競争のように食べさせられる——。

はたしてそんな食事を通して、この雲水さんの心に食べ物に対する感謝の気持ちが生まれるでしょうか？

臨済宗の和尚さん同士で修行時代の話題になると、きまって「食事の時間が何より苦痛だった」という話になることも無理はありません。

そして修行生活から戻っても同じような早食い、大食いの癖が直らないために、肥満や糖尿病といった生活習慣病で苦しんでいる和尚さんも少なくありません。

「自らを慈しむ」という智恵を伝える仏教の担い手である和尚さんが、自らの体を壊すような食べ方を、なんの疑問も持たずに続けてしまう……。

これが皮肉な現実です。本来は修行の智恵の一つだったはずの食事の工夫が「こころ」を失って、「かたち」だけになってしまった結果、ただの苦行になっているということに、悲しみを感じずにはいられません。

一筋の希望として、近年では心ある一部のお師家《しけ》さん（指導的立場の僧侶）によって、修行道場でもこうした無茶な早食いをさせることをやめ、音を立てず、ていねいに、そしてしっかりと味わって食べることによって、貴重な食べ物から最大限の栄養をいただき、そして供養してくれた信者さん、料理をしてくれた仲間の僧侶、さらには作物を育んでくれた大地や自然に感謝の心を育む取り組みをされています。

まさに禅の修行に「こころ」をよみがえらせる、そのようなお師家さんの尊き在り方に、深く感銘を受けています。

②「ながら食い」をしている

食事のときは食事だけに集中する。これは現代の暮らしでは非常に難しいことなのではないでしょうか。

たいていの人が、「スマホを見ながら」とか、「テレビを見ながら」「おしゃべりをしながら」といった具合に、「ながら食い」をしているのではないかと思います。しかしこの食事法は、気づかないうちに食べる量が増えてしまうという大きなリスクをはらんでいます。なぜでしょうか？

そもそも「ながら食い」では、食べ物の味がわかりにくくなってしまいます。食事という行為によって生じる味や香りに注意をしっかりと向け、「ていねいに、味わって食べる」からこそ、お腹も心も充足するのです。適量でもちゃんと満足感とともに食事を終え、心から、「おいしかった。幸せだな。ありがたいな」と思って、「ごちそうさま」ができるのです。

「映画館のポップコーン」を思い出してみてください。

あのポップコーンって、バケツのようなものすごく大きな容器に、大量に入っていますよね。最初は「こんなにいっぱい食べ切れないよ」と思ったのではないでしょうか。

ところが私も経験があるのですが、映画を観ているうちに何度となく容器に手が伸びて、不思議とほとんど食べ切ってしまったりしませんか？

今度試していただきたいのですが、映画館のなかではポップコーンを食べるのを我慢して、上映の前、あるいは上映が終わってからロビーに座って、いつもの大きさのポップコーンを黙々と、集中して食べてみる。

すると、おそらくほとんどの方が途中で飽きてしまうか、食べ疲れてしまって、「もういいや」となるのではないかと思います。

「ながら食い」はそのくらい脳を満足しにくい状態にさせ、その結果、私たちは無自覚に食べすぎてしまうのです。

食事に対して「気無し」になり、満腹中枢が麻痺してしまうわけです。

③「学生食い」を続けている

「食べ盛り」とはよくいったもので、とくに中高生くらいの世代は本当によく食べます。

私も高校時代、夏休み中は連日のように競走部（陸上部）の練習があったのですが、その帰りにきまって牛丼の「メガ盛り」を食べていました。なんと一杯で一五〇〇キロカロリーはあるという「超大盛り」です。

そんな私にいつもつき合ってくれた同級生がいました。練習後は毎日のように一緒に牛丼屋さん通いを続けてくれたのですが、ある日の帰り道、「もういやだ、こんな生活！」と悲鳴をあげていたことをよく覚えています。

いまとなっては「彼に悪いことをしたなぁ」と反省しきりです。

でもそんな同級生も私自身も、一五〇〇キロカロリーの牛丼を三度の食事以外に食べてもまったく体重が変わりませんでしたから、若さとはすごいものです。成長期であるうえに、部活の走りこみでは半端ではない運動量をこなしていましたから、もうお腹が空いてしかたがないし、代謝もいいおかげで、いくら食べても太りませんでした。

「いまの自分」に合った食べ方を

私たちは誰でも一〇代後半をピークとして、二〇代以降は年齢を重ねるほどに基礎代謝も運動量も落ちていきます。

問題は、**年齢に合わせてだんだんと食べる量を減らしてゆくことができるか**、ということです。

自らの体がどれくらいのカロリー摂取を必要としているかを正確に感じ取ることは至難の業ですが、年齢が上がるにしたがってだんだんと食べたあとに胃がもたれやすくなったり、一度食べると次に空腹を感じるまでの時間が長くなったりと、**体が発している「もうそんなに食べないほうがいい年ごろなんだよ」というメッセージを汲み取る**ことが大変重要です。

その能力こそが、健康的な体を長く保つためには欠かせません。

ところが少なくない人たちが、「学生食い」から「大人食い」へ、スムーズにシフトできていないように感じられます。

このように、体の発している声を汲み取ることが難しい背景には、先に触れた「早食い」と「ながら食い」が深く関係しています。

満腹を感じる隙もないくらい急いで食べたり、体の感覚に意識を向けずに別の物事を考えながら食べたりすることで、体からの大切なメッセージを見逃してしまうのです。

年齢を重ねても、若いころと同じくらいたくさん食べないと気が済まない。言い換えれば、「学生食い」から〝卒業〟できない状態が長く続けば、いうまでもなく病気のリスクも著しく高くなってしまいます。

食べるという行為に日ごろからしっかりと心を向けて、体が発する適量ライン到達のアラームを聞き逃さないようにすることがとても大切です。

では次項から「食べる量を半分減らす」コツを、具体的に考えてみたいと思います。無理をすることなく、健康的に体重を減らすのが目標です。

「はじめの三口」にまず集中

「結果的に」量が半分になる食事術

「食べる量を半分減らす」ことを実践するのは、かなり難しいと思われるかもしれません。

でもご安心いただきたいと思います。

私がおすすめするのは、量をきっちり意識して半分に減らすということではなく、**「結果的に量が半分くらいになっている」**という食べ方です。

そこで大切となるポイントは、**「食べるスピードを半分に落とし、その分、料理をゆっくり味わいながら、ていねいに食べる」**ということです。

前に、「つい食べすぎてしまう原因」についてお話しするなかで、「早食い」「ながら食い」「学生食い」の三つが登場しましたよね。

ならば単純に、そういう食べ方を一つずつやめていけば、食べすぎを防ぐことができるというわけです。

とはいえ食べ方というのは、長年の間にしみついたもの。いきなり変えるのは至難の業です。そこで、

「とりあえずはじめの三口でいいので、ゆっくり、ていねいに食べてみる」

ということからはじめてみましょう。

まずは三口――「ゆっくり、ていねい」な食べ方

①まず目の前の料理を、じっくりと観察します。
「肉汁がしみ出ていて、ジューシーでおいしそうだな」

「旬の野菜のいろどりがきれいだ」

「魚が香ばしく、上手に焼き上がっているな」

「お椀から立ちのぼってくるお味噌の香りが上品でいいな」

といった具合に、五感で色や香りを堪能します。唾液がわいてきて、脳が食べる準備を整えます。

②次に、どのおかずでも、ごはん粒だけでもいいので、一口、ゆっくりと口に入れます。そうしたら目を閉じて、食材から味がしみ出てくるのを十分に楽しみながら、「これ以上はできない」というくらい何度も何度も咀嚼《そしゃく》して、ゆっくりと飲みこみます。

日ごろは意識しないような咀嚼音や歯ごたえにも注意を向けてみると、おもしろい発見があるかもしれません。

口に入れた食べ物を噛むことは、「消化のファースト・ステップ」です。咀嚼の回数が少ないと栄養の吸収が落ちてしまうのは、この最初の段階が機能しなくなるからです。

よく噛むことによって唾液アミラーゼがしっかり分泌され、最初の代謝過程がスムーズに進みます。逆に十分に噛まないまま食塊を飲みこんでしまうと、消化のファースト・ステップを飛ばしてしまうことになり、それ以降の消化過程を担当する胃や腸に負担がかかってしまいます。

たとえば歯が悪い方で、お通じが悪くなったり、下痢と便秘を繰り返したりする方は非常に多いのですが、それも実は噛めないからなのです。

では、こうした人ははじめからこまかく刻むか、ペースト状にした食べ物を摂取すればお通じがよくなるのでしょうか。

意外にもそうではなく、実際に噛むことが不自由な高齢者の方が毎日ミキサー食（ミキサーでこまかくした食事）をとっていても、便通のコントロールに苦慮されていることは、介護施設の職員さんや介護経験のある方はよくご存じだと思います。

そのメカニズムにはいろいろなものが想定されていますが、最も有力なのは、**人は噛むことによって副交感神経が活性化するため、胃腸の動きが活発になって健康的な排便ができる、**というものです。噛む回数が少なくなるほど、胃も腸もうまく動かなくなってしまうのです。

また、**噛むことは満腹感の自覚にも大きく影響**しています。歯の根っこのあたり、あるいは頬の噛むための筋肉（咬筋《こうきん》）には神経のセンサーが備わっており、噛むことによる刺激が信号化されて、脳にある「咀嚼中枢」に伝達されます。

すると脳内に「神経ヒスタミン」という物質が分泌されて、この神経ヒスタミンが満腹中枢を興奮させるために、「お腹いっぱいだな」と自覚することができるのです。

満腹感を得るメカニズムにはほかにもう一つ、血糖値の上昇を脳が感知するという機序もありますが、それよりもこの咀嚼による神経ヒスタミン分泌を介した信号のほうが速く伝達されることがわかっており、より食べすぎの防止に貢献していると考えられます。

このように医学的な観点でも、最初の二口でも三口でも、ていねいに食べることの効果は大きいといえるのです。

気がついたら、食べるスピードが半分に

わずか三口ですから、おそらく時間にしてほんの一、二分くらいのものでしょう。四口目からはふだんどおりでかまわないのですから、簡単に実践できると思います。

実際にやっていただくとすぐわかるのですが、このように、料理に意識を集中させて、ていねいに味わうと、満腹感を得やすいことよりももっと大きな発見があるはずです。

そう、**「いつも以上に食事がおいしく感じられる」**ということです。

その味わい深さに喜びがあふれてきて、**最初は三口のつもりだったていねいな食べ方が、四口になり、五口になって、気がついたら食べるスピード全体が以前の半分くらいになっていた、**ということも少なくありません。

と同時に、食事をはじめてほどほどの頃合いで、脳の満腹中枢からのメッセージをしっかり受け止めることができます。

「このあたりで、ちょうどお腹がいっぱいだな。とってもおいしかった。ごちそうさま」と箸を置いたとき、食べるスピードだけでなく、食べた量も以前の半分くらいになっていることに気づくかもしれません。

食前に唱えたい「五観の偈」

食べすぎず、でも我慢しすぎず

仏教の世界では、僧侶の食事は基本的にとても「素食」です。

そのかわり、質素で必要最低限の食事でも日々の修行に打ちこめるよう、「もっとぜいたくな食事をしたい」「濃いものをがっつり食べたい」といった不満や欲を手放す智恵が息づいています。

食べすぎず、かといって空腹を我慢しすぎず。仏教では食事でも「中道」を重んじているのです。

私たちは毎日、毎食、当たり前のように食べています。

けれどもそれは、本当に当たり前でしょうか。長い長い人類の歴史を振り返れば、満足に食事をできる時代など、ほとんどなかったといっていいでしょう。いまは「奇跡的に」食べ物に恵まれている時代だと思います。

もちろん世界を見渡せば、食べ物がなくて多くの人が苦しんでいる国や地域がまだまだたくさんあります。

そういったことを考え合わせると、食事をいただけることは「なんて、ありがたいことなんだ」と気づきます。食という恩恵をもたらしてくれる自然に、食材を提供してくれる生産者や販売店をはじめとするみなさんに、この身の栄養になってくれる命に、心から感謝できたら素敵だなと思います。

でも当たり前の日常を忙しく送っていると、そうした感謝の心にも目が向きにくいのではないでしょうか。

実はその点に関しても、仏教では古来より智恵が息づいています。

食事をするときの心がまえとして、食べる前に、

「五観《ごかん》の偈《げ》」

というお経を唱えるのです。

このお経は、日本の曹洞宗の開祖・道元《どうげん》禅師の著作『赴粥飯法《ふしゅくはんぽう》』に引用されて広く

知られるようになりました。
原典は中国・唐の時代の南山律宗の開祖、道宣《どうせん》が著したものを後の人が訳したとされています。
私も修行道場で毎日のように、食事のたびによませていただいた、短いけれどもとても味わい深いお経なので、ここに原文と解釈を紹介させていただきたいと思います。

五観の偈

一《ひとつ》には、功《こう》の多少《たしょう》を計《はか》り彼《か》の来処《らいしょ》を量《はか》る。

いま口に入れようとしているお米や野菜が、ここに至るまでの過程を深く考えます。食材をそろえて、料理をつくってくれる方がいます。食材を仕入れて、提供してくださる方がいます。お米や野菜などを育ててくださる方がいます。多くの人の手間や苦労、作物を育てる自然の恵み……すべての命がつながって食事ができることに感謝しましょう。

二《ふたつ》には、己《おのれ》が徳行《とくぎょう》の全欠《ぜんけつ》を忖《はか》って供《く》に応《おう》ず。

自分がそれだけの手間や命をいただくに値する生き方をしているかを考えます。

世のため、人のために生きているかを考え、至らぬ自分を反省しながら、いただきましょう。

三《みっ》には、心《しん》を防《ふせ》ぎ過貪等《とがとんとう》を離《はな》るるを宗《しゅう》とす。

人間には生まれながらにして仏性《ぶっしょう》が備わっていますが、悪い心も持ち合わせています。悪いほうに流されると、貪《とん》・瞋《じん》・痴《ち》（むさぼり・いかり・ねたみ）の三つの過ちを犯し、心が貧しくなります。その三つの過ちを断ち、自らの仏性に目をやり、謙虚な心で食事をいただきましょう。

四《よっ》には、正《まさ》に良薬《りょうやく》を事《こと》とするは形枯《ぎょうこ》を療《りょう》ぜんが為《ため》なり。

食事は単に空腹を満たすためのものではありません。体を養い、健康を維持・向上させるためにいただくのです。よい薬と思って、食事をいただきましょう。

五《いつつ》には、道業《どうぎょう》を成《じょう》ぜんがために応《まさ》に此《こ》の食《じき》を受《う》くべし。

以上、四つをふまえて食事をいただくことが、仏の道を実践すること、修行そのものです。この「五観の偈」を唱え、ありがたくいただきましょう。

修行僧はこれを声に出して唱え、最後に拍子木をカチッと鳴らしてから食事をはじめます。

禅の修行道場のなかでも「食堂《じきどう》」は「三黙堂」の一つなので、食堂のなかでは言葉を発してはいけないとされています（ほかに禅堂と浴室が三黙堂に含まれます）。

ただ「五観の偈」だけは別。「般若心経」とあわせて、食堂で食事をはじめる前に大きな声でお唱えするのが決まり事です。

三〇秒だけでいい、食前に「黙想」を

この本をお読みのみなさんにも、できれば食事の前に「五観の偈」を唱えていただけたらと思います。

一分もあればよめますから、食事が冷めてしまうこともないと思います。気が向いたときだけでも、心のなかでよむだけでもけっこうですから、体験していただきたいと思います。古い文言も味わい深いのですが、よみにくい場合には前述の現代語訳のほうでも大丈夫です。

でも「お経はちょっとハードルが高いな」という方は、**食べる前に一分、それも長**

ければ三〇秒でもけっこうですから、目を閉じて、心のなかで、「いまからこの大切な命をいただきます」、あるいは「この食事を通して、自分の体に栄養をいただきます」といったことをつぶやいてからいただくとよいかと思います。

忙しく生活していると、〝仕事モード〟あるいは〝作業モード〟のまま、なんとなく食事をはじめることが多いのではないでしょうか。

でもそれでは気持ちの切り替えが難しく、食事という行為に心を向けることがなかなかできません。

箸を取る前に一度、すべての動きを止めて、仕事・作業から食事へモードを切り替えてみる。そのために食事への感謝や、いまから「一生懸命に食事をいただきます」という思いを言葉にして、心のなかで唱えていただきたいのです。

食べることに意識を向けることで、いままでよりもきっと豊かな体験につながると思います。

食生活が豊かになっていけば、無意識にしてしまっていた〝ドカ食い〟や〝早食い〟などが自然となくなり、無理なく「食事を半分減らす」ことも実現できるでしょう。体も心も満たされて、人生が好転していくきっかけとなるかもしれません。

「もう一杯」に歯止めをかける

いかにして「ほどほど」を守るか

お酒の好きな人にとって晩酌のひとときは、いつもがんばっているご自身への至福のご褒美だと思います。休日には昼間からお酒を飲む、それも最高のぜいたくだと思います。

ただお酒というものはどうしても歯止めがきかなくなりがちで、「もう一杯だけ……」といいながら、どんどん杯を重ねてしまうという体験は、多くの方がされているのではないでしょうか。

「気がついたら、泥酔していた」「そのときはしっかりしていたつもりだけど、翌日に振り返ると記憶が飛んでいた」「席を立ったらまっすぐ歩けなくなっていた」といった経験をお持ちかもしれません。

いわゆる「嗜好品」、たとえばコーヒーやタバコ、お菓子やアイスなど、つい摂取しすぎてしまうものはお酒以外にもいろいろあると思います。

でも、お酒とそれ以外の嗜好品では、明確に異なる点があります。

それは、お酒には「酩酊《めいてい》させる」作用があるということです。飲めば飲むほど、だんだんと理性の働きが弱くなっていき、体に悪いとわかっていても、「もう一杯」が止まらなくなってしまうというわけです。

もちろん、アルコールは、日ごろのストレスをやわらげてリラックスや高揚をもたらしてくれる精神作用を持っていますし、全否定するつもりはまったくありません。

いまや日本の酒文化は世界に誇るすばらしいものであり、たくさんの海外の方が日本で製造されたお酒を愛してやまないということを日本人としてうれしく思っています。

だからこそ**大切なのは、「いかにして適量の飲酒をするか」という一点に尽きるの**ではないかと思います。

そこでまず、「酒量を半分減らす」ということを提案させていただきたいと思います。

「まとめ買い」をやめて「都度買い」に

いま、「家飲み」が増えています。

酒類関連メーカーもこぞって「家飲み」を想定した販売戦略を打ち出し、最近では居酒屋さんと変わらないほど、きめこまかな泡でビールが飲める自宅用のビアサーバーなども簡単に手に入れることができるようになりました。

実はこの「家飲み」に、アルコール過剰摂取の危険性がひそんでいます。

多くの人は、お店など外で飲む場合、ちゃんと歩いて電車に乗って帰らなければなりませんから、ある程度のところで切り上げて帰宅するものです。

ところがこれが家飲みですと「酔っぱらったら、そのまま寝ちゃえばいい」と気楽に飲める分、飲酒を切り上げる理性の働きがとても弱くなってしまうのです。家にアルコール飲料をたっぷり買い置きしてあれば、酒量は際限なく増えてしまう可能性もあります。

そこでまずは、**その日に飲む分だけを〝仕入れ〟する、「都度買い」に変えてみま**

しょう。

これは、実は〝アルコール依存症予備軍〟の患者さんにも実際におすすめしている、飲酒量を抑制するための方法なのです。

たとえば**「今日はビールの三五〇㎖缶を二本まで」とか、「カップ酒を一杯だけ」「缶ビール五〇〇㎖と缶酎ハイを一本ずつのみ」といった具合に、飲みすぎてしまうときの半分くらいに設定して、「都度買い」する**のです。

たいていの場合、「この量で足りるか不安だな」と思われるのではないかと思います。

そこでこの手法のポイントは、「飲み足りなければ、その都度、コンビニに買いに行く」と決めておくことです。足りなければまたコンビニに行けばいいのですから、気持ちもラクになると思います。

でもこの方法がとても効果的で、実際に買った分をすべて飲み切ってほどよく酩酊感を得られた状態になると、またコンビニに行って買ってくるのは面倒だったり、「そこまでしてさらに飲まなくてもいいか」と思えたりする人が多いのです。

まだ口さみしいのであれば、炭酸水に氷を入れて飲んだり、温かなハーブティーを飲んだりと、アルコール以外で楽しむ方法を発見することもできるかもしれません。

お酒を「ゆっくり、ていねいに」飲む方法

食事の「早食い」「ドカ食い」と同じで、お酒も「早飲み」「がぶ飲み」が原因で加速度的に量が増えてしまう傾向があります。

楽しい晩酌の時間だからこそ、「ていねいに飲む」ことを心がけてみましょう。コツはテイスティングをするように、「ゆっくりと味わって飲む」ことです。

その際、**ワインのソムリエの方々をお手本にする**とよいでしょう。いまはネットでソムリエさんが解説してくれる動画もたくさんありますから、ご覧いただくとわかりやすいと思います。

マインドフルなお酒の飲み方

①まずグラスをいったん傾けて光にかざし、ワインの赤い色調を楽しみます。
②グラスの側面を伝い落ちるワインの粘性（粘りの強さ）からアルコールの強さや

糖度、ワインの抽出度などを予測します。

③グラスを一度鼻に近づけ、最初の香りを楽しみます。

④「スワリング」(グラスをぐるぐる回して、ワインを空気によく触れさせる)してから、ふたたび香りを感じてみて、その変化を楽しみます。

⑤ほんの一口だけ口に含み、ゆっくりと口のなかを舌でワインを転がすようにして酸味、渋み、旨味といった味わいを感じます。さらに鼻を抜ける香りも観察します。

なぜそんなに口のなか全体で味わうのかというと、私たちの舌は非常に繊細にできていて、同じ舌でも場所によって感じる味の種類が違うからです。

甘みは舌の先端、苦みは付け根のあたり、酸味は舌のサイドのあたりと、守備範囲が異なるため、ワインの複雑な味の構成要素を存分に楽しむためには、口のなか全体で味を感じることが大切なのです。

⑥さらに鼻を抜ける香りも観察して、じっくりと味わったのち、ようやく飲み込むのですが、その際に喉元から食道を伝って胃に落ちてゆくワインの感触すらも感じるようにしてみます。ここで終わりではありません。飲み終わったあと、さらに口や鼻でその余韻も楽しむようにします。

⑦最後に、感じた味わいや香り、そしてワインの評価を言葉で表現してみます。

こうしてワインをほんの一口、一〇～二〇ccくらい飲むというのが、ソムリエ式のテイスティングです。

〝ソムリエごっこ〟がなぜいいか

ようするに「ゆっくり飲みましょう」というだけのことですが、みなさんに対してなぜこんなにもこまかく飲み方を説明したのかと申しますと、**「ゆっくり飲むのは実はとても難しい」**からです。

そしてそのために効果的なのが、**「儀式的に動作を決めてゆっくりと行なう」**ということなのです。

さすがにこれを居酒屋さんでやると「なにをカッコつけてるんだ」と顰蹙《ひんしゅく》を買ってしまうかもしれません。でも一人で家飲みするとき、あるいはご家族と〝ソムリエごっこ〟をしながら飲むのはとてもおすすめです。焼酎でも日本酒でも、この方法で何倍も楽しむことができるのではないかと思います。

こうしたソムリエさんのような飲み方、あるいは食べ方はマインドフルネスの分野で大切にされている「食べる瞑想」（156ページ参照）とそっくりです。

大切に食べ物、飲み物をいただくことで、満たされた心に感謝の念が芽生えます。お酒をグラスに注いだり、新しい缶を開けたりしたとき、最初の一口だけでもけっこうですから試していただきたいと思います。自然に少ない量でも、充足を感じていただけるようになるでしょう。**お酒を「マインドフルに」飲む人は、お酒に依存しないのです。**

またこれは番外編ですが、少しお財布にゆとりがあるときは、**「あえて高価なお酒を一本だけ買う」**のも一つの方法です。

〝安酒〟だと思うと惜しみなくがぶ飲みしてしまうのに、高価なお酒だとゆっくり大切に飲むようにするという方は少なくありません。いいお酒を飲みすぎることは少ないのです。

食材、買いすぎていませんか？

だから、「買いすぎ」はよくない

買い物は行けるときにできるだけまとめて済ませてしまいたい、という方も多いと思います。

でも実はこの**「まとめ買い」によって、無意識のうちに「買いすぎ」になってしまうこと**に注意が必要です。

もちろん、まとめて買えば単価が安くなるスーパーやドラッグストアはとても多いですし、有効に利用すれば家計にもプラスに働くことは間違いありません。なかには学生寮か社員寮くらいの集団生活でないと使い切れないような、大量の商品を一回にまとめて買うことで、卸値とそれほど変わらないくらい「超おトク」になるチェーン店も人気となっています。

そこで大切なのは、**「何をまとめ買いして、何を都度買いするか」というポイントを押さえておく**ことです。

主婦の方をはじめ、ご自宅で料理をされる方はすでにお気づきのことと思いますが、最もムダが出やすいのは食品、それも野菜類や惣菜類といった比較的短期間で食べる必要がある商品です。

一方、洗剤やトイレットペーパーなどの生活用品はたくさんストックしておいても腐るものではありませんし、いつか使うときがくる必需品ですから、まとめ買いで安く手に入れるのに適した商品といえます。

まずは生鮮食品やお惣菜にしぼって、「半分に減らす」工夫をしてみる。これをおすすめしたいと思います。

ではこうしたものを「買いすぎ」ると、どんな問題が起こるのでしょうか?

①食材がたくさんあると、どうしても「食べすぎ」てしまう

たとえば「牛肉が安かったので、五〇〇グラム買った」とします。今日の料理に必要なのは四〇〇グラムだったとしても、「一〇〇グラムくらい冷凍しておいてもしょうがないな。えーい、使っちゃえ」となるのではないでしょうか。

少しだけ残しておいてもあとで使いづらい食べ物は、このパターンで食べすぎになりがちです。

一方、塩やコショウといった調味料が少し残っていても、「全部入れちゃえ！」とはならないと思います。唐揚げやてんぷらなど、個数のはっきりしたお惣菜も、一個か二個残ったら、翌日の朝食やお弁当に使いまわすことができるでしょう。食材のなかでも、お肉や野菜はとくにこの「使い切り食べすぎパターン」になりやすいことを認識しておくとよいでしょう。

お菓子類にも注意が必要です。

たとえばある日スーパーで、「ポテトチップスが安かったから五袋、買いだめしておいた」とします。いつもはみんなで一袋食べていたのに、「いっぱいあるから、今日は一人一袋、食べちゃおうか」とならないとも限りません。食べる量が、「半分、減る」どころか、二倍にも、三倍にも増え、食べすぎてしまう恐れがあるのです。

個包装をまとめ買いするとお得なお菓子類は、「一個まるまる食べてしまいたい誘惑」にかられやすいことを知っておきましょう。

②食材を食べ切れずに、ムダにしてしまう

人間のお腹には限界がありますから、「がんばって食べたけれど、残してしまった……」という経験はどなたでもあると思います。

あるいは「買いだめした」ことに安心し、「食べるのを忘れていたら、腐らせてしまった……」といったことも起こりやすいものです。

でも、こうしたことの小さな積み重ねが、大量の「食品ロス」につながっているのが現状です。

③消費期限・賞味期限切れで廃棄せざるを得ない食材を増やしてしまう

では、消費期限が短く、腐りやすい食材にだけ注意しておけばよいのでしょうか？

実はそうでもないようです。

といいますのも、日持ちする食材のほうがかえって、こちらの「期限内に食べるという意識」が鈍感になりがちなのです。

最初のうちは「期限はまだ大丈夫。そのうち食べればいいや」と意識していても、いつの間にかその食材があること自体を忘れてしまったりするのです。

せっかく安いからと買いだめしたのに、期限切れで廃棄することになってしまった……。これでは食べた分だけを考えれば結局、「高い買い物」「ムダな買い物」になってしまいます。思い当たることが多いのではないでしょうか？

おすすめは、やはり「都度買い」

「まとめ買い」「買いだめ」をしないとなると、どうすればよいか。

それはお酒のところで触れたように、やはり**「都度買い」**をするという答えになると思います。必要なときに、必要なだけ買う、ということです。

そこでとても効果的な方法は、**「お買い物メモ」**を活用することです。「え、そんな古典的な方法？」と思われるかもしれません。たしかに、子どものころにお母さんにお使いを頼まれたときを思い出しますよね。

でもこうした「メモの活用」は、さまざまな精神医学、心理学の治療にも用いられ

ています。視覚情報によって行動を上手にコントロールすることが可能となる有効な手法なのです。たとえば、

「買い物に行く前に、一日分のおおよその献立を考えて、どんな食材がどのくらい必要かを書き出す」

「スーパーなどのチラシを見てお買い得品をチェックし、一日分か、せいぜい二、三日分の献立に必要なものをメモする」

といった準備をしたうえで出かけると、メモにない食材にあまり目が行かなくなるという効果が生まれます。

私たちは心に明確な目的やタスクを持たずに歩くと、いろいろなものに興味や好奇心を抱くという性質があります。

お散歩やハイキングであれば、こうした目的を持たずに、広がる景色にいろいろな気づきを得るのはとても楽しいものですし、まさに醍醐味といえるのではないでしょうか。

ところが買い物になると、話は別。何を買うかを明確に意識せず、スーパーの店内を歩き回っているうちに、「これ、安いから買っておこうかな」と必要のないものを

買ってしまうのです。「メモを持って買い物に行く」というとても基本的なスタイルこそが、こうした買いすぎを半減できる可能性を秘めているのです。

そのためには、**買い物に出る前に冷蔵庫のなかをチェックしておく**のも欠かせません。「ストックがあるのに買っちゃった」といったミスを減らすことができます。

さらに「都度買い」なら、今日もしくは近日中に食べることが絶対なので、期限を気にする必要もありません。むしろ期限切れ間近のほうが割引になっていることが多く、おトクになるでしょう。

できるだけ買い物に行く回数を減らしたい人も多いと思いますが、数日分であっても計画的に買うようにすれば、「都度買い」と同じメリットが得られます。

少なめに買って、多少足りない物が出てきたら、その都度買う。いまはたいがいの物がコンビニでも手に入ります。たくさんストックしておかなくても問題にはなりにくいと思います（ただし災害時のための水、乾パン、真空パックのごはんなどは、最優先でストックしておくようにしましょう）。

ぜひとも**「都度買いルールを導入し、買い物の量を半分減らす」**を目標に、工夫してみていただければ幸いです。

朝ごはんは「ちゃんと」食べる

今日の「元気」はここから

朝食をちゃんと食べることは、さまざまな面で私たちの心と体によい影響を及ぼします。

文部科学省の「全国学力・学習状況調査」によると、「朝ごはんを食べないと、学力が低下する」傾向が示されています。

子どもに限ったことではなく、大人であっても「朝食抜き」だと、思考力が落ちて、少なからず仕事にもマイナスに影響するともいわれています。

日本で発表されたある研究によれば、朝に水しか飲まないと集中力は時間とともにどんどん低下しましたが、**バランスの取れた朝食を摂取した場合には、集中力は速や**

かに向上し、その後ゆっくりと時間をかけて低下していくことがわかりました。

朝ごはんは全身の生体機能を調整している自律神経にとっても大変重要です。

朝食をとると、「副交感神経」が活性化されて消化活動がはじまります。リラックスした、栄養分の吸収されやすい状態になるわけです。

でも副交感神経が優位になってそのままというわけではなく、それに呼応するように、今度は心身を活動的な状態にする「交感神経」が立ち上がります。

おもしろいもので交感神経と副交感神経の二つで構成される自律神経は、一方の神経のほうに傾くと、もう一方の神経を立ち上げて元に戻ろうとする性質を有しています。

それによって交感神経・副交感神経のバランスを自然と保っているのです。仏教と同じく、自律神経にも「中道の精神」があるというわけです。

そうやって意思とは無関係に血管・内臓・汗腺などを支配、調節して生体機能のバランスを保とうとする自律神経の働きのおかげで、朝ごはんを食べて一度はゆるんだ体や心も、会社に着くころには元気いっぱい、バリバリ働ける状態になると考えられます。

炭水化物を「軽め」に「ちゃんと」とる

ただし、朝食は「お腹いっぱい」食べる必要はありません。

禅の修行僧はいまでも、毎朝の食事は「天井粥《てんじょうがゆ》」といって、天井が透けて見えるくらい薄いお粥（というよりほとんど白湯に近い）をいただくのですが、これは食べ物が十分に手に入らなかった時代の名残とされています。

ほんの少しのお米をお湯でのばして全員で少しずついただく古来からの工夫をいまも実践しているのですが、これが実はお腹にとてもやさしくて、最低限の糖質を摂取できるとともに、お湯で十分な水分を吸収できて、朝の体を目覚めさせるのにほどよいのです。

添え物として塩気の強めな「たくあん」も一緒にいただくので、電解質バランスもバッチリです。

とはいえ、日常生活でそこまでするのは大変だと思います。ただ朝食はあくまでも「眠っていた胃腸を動かす」のを目的として、「軽く」いただくのがおすすめです。

朝から食べすぎると、胃の内容物がなかなか消化されず、午前中いっぱいだるかったり眠かったりして、仕事に支障を来すことも少なくないのです。

では何を食べればいいのか。ずばり、**炭水化物――なかでもごはん類（でんぷんを多く含んでいる食材）がベスト**です。

脳で使えるエネルギーは、基本的にはブドウ糖だけ。それ以外の糖類、たとえばショ糖も果糖もオリゴ糖も、すべて「血液脳関門」を通過できないため、そのままでは脳に栄養を与えることはできません（激しい運動でエネルギーが枯渇した際、あるいは糖尿病などの疾患によってブドウ糖が正常に利用できない際には、乳酸やケトン体なども使用されますが、基本的にはブドウ糖が脳を栄養する主役です）。

その点、食事として摂取されたでんぷんを主体とした炭水化物は、体内の主に唾液や胃腸の消化液に含まれる消化酵素によってこまかく分解・消化されて、速やかにブドウ糖になります。脳にも一番早く届き、エネルギー源として活用されるのです。

つまり、**朝食は、完全に抜いてもよくないし、食べすぎもよくありません。その間を取って、「少量の炭水化物をお腹に入れる」感覚で、できる限り毎日食べるようにする**のがポイントです。

旬のものは「心の栄養」にもなる

先述した、食前にお唱えする「五観の偈」や〝プチ瞑想〟を含めて、**「ていねいに食べる」ことは、マインドフルな食べ方そのものです。そしてその効果は、食べる量を半分減らすだけではなく、体が求めているものに気づく能力を育む**ことにもなります。

たとえば体が脱水状態に至る手前の段階で「水分と塩気を補給しておこう」とスポーツドリンクを飲んだり、野菜不足に陥る前に「なんとなく体が野菜を欲しているな」と気づいてサラダを一品増やしたりといった行動を自然に取ることができるようになったりします。

このようにして、マインドフルな暮らしを日々心がけることによって、体からの「サイン」をいち早くキャッチする能力が養われて、健康を維持するのに必要なものを、必要なときに、必要なだけ、摂取することが可能になるのです。

体の求めを繊細に汲み取ることができるようになれば、食べすぎの傾向がある多くの人にとって「食べる量を半分減らす」実践が無理なくできるようになるでしょう。

もう一つ、体が必要とする栄養に加えて、**「心が欲する栄養」**というものについても知っていただきたいと思います。

代表的な食べ物は、なんといっても**「旬のもの」**でしょう。いまは「一年中食べられる」ものが増えましたが、やはり旬の味わいには格別のものがあります。

同じ食べ物でも、旬のものをいただいたほうが「自然から直接、恵みをいただいている」と、ありがたく感じられるのではないでしょうか。「自然がこの季節、この地に恵んでくださった命を、いま、私がいただいている」というご縁に感じ入ることができると思います。

加えて「食べ物を通して、季節を感じる」こともできます。

つまり**旬のものは、「心の栄養」になる**のです。

全部のお皿でなくてもいいので、

「旬のものを半分は取り入れる」

という意識を持って、料理や食事を楽しむことをおすすめしたいと思います。体の健康だけではなく、心の健康も食行動から向上させることができるのです。

「過度なダイエット」にご用心

なんでも「バランス」が大切

食事は心身の健康を養う栄養になるものです。

しかし、食べ方によっては、健康を著しく害してしまう恐れがあります。

ここまでは、「食べすぎ」はよくありませんよ、つい食べすぎてしまう人は、「半分、減らす」を実践しましょう、とお伝えしてまいりました。

一方、「食べなさすぎ」もよくないということに注意する必要があります。**「過度のダイエット」**は大きな危険が伴うということです。

一番の問題は、当たり前のことですが体が低栄養の状態に陥ってしまうことです。

この状態は、とくに美容目的でダイエットをしているという方に多く見受けられます。

たとえば、**脂質が極端に不足している人**がいます。

こうした方たちからお話をうかがうと、「脂肪分の多いあぶらっこいものを食べると太る」とか、「脂肪をとりすぎると動脈硬化になり、心筋梗塞や脳梗塞などの重病になってしまう」といった思いを強く抱いておられるようです。

たしかに脂質の「とりすぎ」には、そういった身体リスクが考えられていますが、一方で脂質はエネルギー源になる重要な栄養素でもあります。

脂質は、女性ホルモンのエストロゲンをはじめ、体内で重要な役割を担うさまざまなホルモンの原料になったり、細胞膜の構成成分になったりもします。ビタミンAなどの脂溶性ビタミンの吸収を促進する役割も担っています。

脂質は私たちの体のなかで、数多くの大切な仕事をしているからこそ、たんぱく質、炭水化物と並んで「三大栄養素」とされているのです。

実際、脂質が不足すると、血管が破れやすくなり、脳出血のリスクが高くなることがわかっています。**脂質はとりすぎず、不足しすぎず、バランスよく「中道をいく」のがベストです。**

糖質制限は「半分」を目安に

同様に、糖質を極端に制限することも要注意です。「糖質制限」が流行のようになっていますが、やはり「やりすぎ」はいいことではありません。

糖尿病の患者さんの場合、血糖コントロールを改善させるために、治療目的で一時的に厳しい糖質制限をしなければならないケースもあります。

しかしそうではない方が健康的なカラダづくりをする目的で糖質を制限するのであれば、過度なやり方は禁物。「ほどほど」で十分だと知っておきましょう。

これまで糖質をとりすぎていた自覚がある人は、まず「半分くらい」を目安にしましょう。たとえば、毎食のごはん（お米）の量を半分にする。パンの量を半分にする。あるいは、これまで三食まるまる炭水化物をしっかり食べていたという方であれば、朝は炭水化物をいままでどおりの量、昼は半分くらい、夜はできるだけカットを心がける。

あまりにも炭水化物を我慢しすぎると、脳がエネルギー不足になる恐れがあります。

前述のとおり、脳細胞が使うことのできるエネルギー源はブドウ糖だけだからです。

もちろん、その他の栄養素、たとえば、たんぱく質や脂質なども分解されればエネルギー源になりますが、炭水化物のようにスピーディにエネルギーとして使用できるわけではありませんし、たんぱく質が分解されれば筋肉量もどんどん落ちてしまいます。

「糖質オフ飲料」はかえって太る!?

もう一つ、糖質を減らしたいからといって、**「糖質オフ」の飲み物をがぶ飲みすることには気をつけなければなりません。**

「糖質ゼロ」表示に安心する気持ちはとても理解できるのですが、糖質のかわりに入っている成分が要注意なのです。

いくら糖質ゼロといってもまったく甘味がなくなってしまっては、ジュースなど甘い清涼飲料水を飲みたい人にとっては意味がありません。

そこで糖質のかわりに甘みを出すための人工甘味料（アセスルファムKやスクラ

ロース、キシリトールなど）や、体内に糖質として吸収されないものなど、さまざまな人工甘味料が使われています。

それらは砂糖などの糖類に対する「短期的な置き換え」としては有効かもしれません。しかし習慣的に摂取を続けることで、かえって食欲中枢を刺激してしまう可能性があるのです。

その理由としては、「甘味の刺激が脳に伝達されるにもかかわらず血糖値は上昇しない」という矛盾に対して脳の働きが乱れてしまうという機序や、腸で甘味を感知してインクレチンというホルモンが分泌され、これが膵臓からのインスリン分泌を促して血糖値が下がるため、もっと糖質を欲してしまうという機序など、近年さまざまなメカニズムが解明されつつあります。

つまり**「糖質オフ」飲料で摂取カロリーを抑える一方で、食欲が刺激されてほかのものを食べすぎてしまうリスクがある**ということです。

「栄養バランスを考えない過度のダイエット」がいかに危険なものか、知っておいていただきたいと思います。

「フードロス」への意識を高める

日本人は「フードロス」を増やしている張本人!?

ここで少し視点を変えて、いま世界全体で深刻化している、**「フードロス問題」**について考えてみましょう。

具体的には、スーパーやコンビニなどの店舗で破棄される売れ残りや、飲食店や家庭での食べ残し、売り物にならない規格外品などがこれに該当します。

端的にいえば、「まだ食べられるのに捨てられてしまう食べ物」が非常に多い、ということです。

FAO（国際連合食糧農業機関）の報告書によると、世界では食糧生産量の三分の一に当たる約一三億トンの食糧が、毎年廃棄されているといいます。世界の人口の約九人に一人は飢餓に苦しんでいるというのに、一方で先進国を中心とする国々では大量の食べ物を捨ててしまっている。この「食の不均衡」は、なんとか是正していかなくてはなりません。

また大量の食品を廃棄するためには、多くの資源と莫大なコストがかかるうえに、焼却や埋め立てによる廃棄が環境汚染につながる、という問題も大きくなっています。したがって「フードロス」は、世界全体で取り組まなければいけない課題とされているのです。

それにしても人間の命を養ってくれる大切な食べ物を「ゴミ」にしてしまうとは……。いまや世界が注目する日本の「もったいない精神」から見れば、なんとバチ当たりなことを！　といわざるを得ないでしょう。

ところが……。

実は私たち日本の人々こそが、フードロスを増やしている張本人で、農林水産省の調査によると、年間約六一二万トンもの食料を廃棄しているそうです。

日本人の一人当たりの年間食品廃棄物量は、世界でワースト六位、アジアで一位という多さなのです。

世界でも非難の的になっているこの状況を、本当は物を大切にする心にあふれた「もったいない精神」の発祥の国として、なんとか改善していかなければならないと私は思うのです。

「カーボンフットプリント」に注目

禅的な食作法の一つに、**「お米一粒、お塩一粒まで大切にいただく」**というものがあります。

これは信仰にかかわらず、日本人が古来より伝統的に受け継いできた精神でもあります。「もったいない」という言葉ひとつとっても、その由来は仏教の考え方にまでさかのぼります。

「もったいない」を漢字で書くと「勿体ない」となりますが、この「勿体」は、もともと「物体」にあたる言葉で、「物の本来あるべき姿」「物の本質」を意味していました。それが「ない」わけですから、「勿体ない」という言葉は、「あらゆるものがそれ単独では存在し得ず、何かのおかげで生かされている」という仏教の教え、「縁起《えんぎ》の法」を伝えていると考えられるのです。

もったいないという言葉を思い出すことで、私たちはお米一粒、お塩一粒にも生かされていると知ることができます。

いま、世界で注目されている**「カーボンフットプリント」**という考え方をご存じでしょうか？

大気汚染を改善するための指標となる観点であり、日本語に直訳すれば「(二酸化)炭素の足あと」です。

ある商品があったら、それが製造され、輸送されて店の棚に並ぶまでに、どのくらいのCO_2（二酸化炭素）を排出しているかを数値で示し、それをシールにして商品に貼って周知するという取り組みです。製造機械をまわすための動力はもとより、牛や豚などがオナラやゲップで排出するメタンガスまでがカウントされます。

消費・賞味期限を気にするのと同じくらいの注意深さでこのカーボンフットプリントの数値を見て買い物をする――。これは、これからの時代の消費行動に求められるように思います。

具体的な数値をこまかく計算することは難しいかもしれませんが、毎回商品に表示された数値に注意を向けることで、少しでも温室効果ガスを減らそうという意識を心にとどめることが大切なのではないでしょうか。

温室効果ガスが地球環境に温暖化や、それに伴う海面上昇、毎年のように日本全土を襲う巨大台風や豪雨、洪水といった自然災害をもたらしていることは間違いありません。

これまでに人類が、自らの繁栄と文明の発展を最優先に走り続けてきたことに思いを馳せるとき、これは私たち人間がつくり出した災害という一面を持っていることに、気づくべきときが来ているのかもしれません。

そんないまだからこそ、地球と大自然に支えられて生かされているという「縁起」を大切にする生き方について、禅やマインドフルネスの智恵を通して、すべての方に知っていただきたいと思うのです。

コラム2 「食べる瞑想」でムリなくダイエット

本編で紹介した「ゆっくり、ていねいに食べる」ことは、そのまま瞑想法の一つに数えられます。よりわかりやすい形で体験いただけるよう、ここでは海外のマインドフルネス講座でよく導入に用いられる、レーズンを使った「食べる瞑想」を紹介しましょう。

①ラクな姿勢で椅子に座ります。
②一粒のレーズンをつまんで、外観をじっくり観察します。
③形、色、香り、質感などを見たり感じたりしながら、「口に入れたら、どんな味がするかなぁ」とイメージします。唾液が出てきたら、それも感じ取ります。
④レーズンをそっと唇に当て、感触を確かめてから、ゆっくりと口に入れます。ここからは目を閉じて行なうと感覚が明瞭になりやすいでしょう。
⑤レーズンを口のなかでころがしながら、固さや形状、味を口のなか全体で感じ取ります。

⑥レーズンをゆっくりと噛み、しみ出てくる味わいを十分に堪能します。
⑦何度も噛んでから、ゆっくり飲みこみます。咀嚼したレーズンがのどを通って、胃に落ちていく様子まで感じ取ります。

一粒のレーズンをこんなにもていねいに味わったことはないと思います。私も自身の講座で参加者のみなさんに体験いただいていますが、「こんなにレーズンの感触や味を感じたのははじめてです」といったご感想もしばしば聞かれます。

なかには、「このレーズンを食べる瞑想を必ずしてから食事をするようになりました」という方もおられます。そのほうが食事がおいしく感じられるからです。

レーズンでなくても、何か一つの食材を選んで、この「食べる瞑想」をすると、大食いだった人もふだんの食事の半分くらいの量で、お腹も心も十分に満たされるといった変化も数多く見てきました。

「肥満や糖尿病の方の血糖値改善に効果があった」というデータも海外で報告されています。健康維持だけでなく、美容のためのダイエットにも最適です。ムリなくきれいにやせられたらうれしいですよね。

3章

「消費」を半分、減らす。

この「ムダ」に意識を向ける

「つくる責任、つかう責任」

日本では一九六〇年代ごろから「大量生産・大量消費」の時代が続いています。当初は「豊かさの象徴」ととらえられていましたが、もうそんな時代ではありませんよね。

「たくさんつくって、たくさん使う」ことにより、環境に重大な負荷を与えるほど多くのゴミを排出してしまっている――。その状態にもはや、地球自体が耐えられなくなってきています。

アルファベット四文字から成る**「SDGs」**という言葉を、近年よく耳にしませんか？　読み方は「エス・ディー・ジーズ」で、「Sustainable Development Goals＝持続可能な開発目標)」を略した呼び名です。二〇一五年の国連総会で、よりよい世界を目指すために世界全体が共有すべき目標として採択されました。

ここ数年は、日本のCMやニュースでも目にすることが多くなってきたのではないでしょうか。

でも実際には、一般の多くの方がその内容を認識しているというところまでには至っていません。私が日ごろお会いする、まわりの人たちに聞いてみたところ、多くの方は「環境問題への取り組みのことだったよね?」といった認識はされていましたが、具体的に何を目標にしているのかまでご存じではありませんでした。

実際に環境を守るための行動を私たちが日々選択するためには、この言葉を正しく理解しておくことがとても大切です。

SDGsに含まれる目標は大きく一七項目に分かれています。たとえば、

「貧困をなくそう」

「ジェンダー平等を実現しよう」

「エネルギーをみんなに。そしてクリーンに」

「つくる責任　つかう責任」

「気候変動に具体的な対策を」

など、一七のゴールと、さらに具体的な一六九のターゲットから構成されているのです。そして日本を含む国連加盟一九三か国が、これらの課題に積極的に取り組み、二〇三〇年までに目標を達成することを誓っています。

このなかで、本書でとくに注目したいのが、

「つくる責任　つかう責任」

という課題です。

ゴミを「輸出」している日本

日本はいま、「ゴミを輸出している」ことを知っていますか?

ここでいう「ゴミ」は、私たちがふだん、何気なく捨てているプラスチックのゴミのことです。

日本ではもはや当たり前のように、地域でプラスチックごみを分別していますし、それによって再利用につながっていることは事実です。

最近の国連の発表でも、日本のゴミ分別回収は世界でもトップレベルといえるくらい徹底されているという評価を得ています。

ただ、問題は「そのあと」です。日本のプラスチックの「リサイクル率」は八〇％を超えており、世界的に見てもかなり高いといえます。

では実際に、日本ではどのようにしてプラスチックをリサイクルしているのでしょうか。

一般的にリサイクルといえば、一度使ったプラスチックを再加工して、別の形のプラスチック製品にして活用しているといったイメージをお持ちかもしれません。

ところが実際にはこうした方式の再利用はごくわずかしかされておらず、そのほとんどは「エネルギー」として使用されています。

つまり分別されたプラスチックごみを「燃やす」ことで、発電に利用されているのです。

専門的には「サーマル・リサイクル」と呼ばれるこうしたリサイクル方法、一見とても有益な活用に思えますが、そこに落とし穴があります。プラスチックを燃やすことによって、温室効果ガスを排出するということです。

なんといってもプラスチックはもともと石油からできているのですから、燃やせば石油を使った火力発電と同じ温室効果ガスを生み出すのは至極当然のことです。海外ではこうした「サーマル・リサイクル」という言葉はあまり使われておらず、「燃やすことをリサイクルとは呼ばない」のだそうです。

そう考えますと、日本のプラスチック再利用率が高いというのは、あくまで日本のリサイクル統計に基づいた数字であって、本当の「SDGs」実現にはほど遠いといわざるを得ないのです。

もっといえば、日本で出たプラスチックごみは、日本国内だけで再利用されているわけでもありません。国内でプラスチックをリサイクルするには大変な手間と費用がかかるため、日本ではその作業にかかる人件費を捻出できないのです。

これはプラスチックに限ったことではありません。だから年間一五〇万トンにも及ぶゴミを、人件費の安い海外に輸出しているわけです。

日本の街はクリーンなイメージですが、実はプラスチック廃棄物の処理を海外に押しつけている。この現実を知ると、複雑な思いを抱かずにはいられません。

「感謝の心」が意識改革をもたらす

ご存じのように、世界の流れに準じて日本でもいま、プラスチック製レジ袋の有料化または使用禁止、公共施設でのペットボトルの販売禁止、プラスチックストローの禁止または紙や天然素材での代用などの動きが、加速度的に広まっています。

しかし世界から見ると私たち日本人は、環境破壊に対する当事者意識が薄く、環境保護に対する配慮や努力を怠っているという認識が色濃いようです。

二〇一九年に開かれた「国連気候変動枠組条約締約国会議（COP25）」で、日本が「化石賞」（地球温暖化対策に消極的な国に贈られる不名誉な賞）を受賞したこともそれを物語っています。

こうした現状に対して環境省をはじめ政府機関は、プラスチック製品を全面的に規制したり、有料化したりすることによって注意喚起を強化しています。

でも私は、地球環境を保護する意識を持つために、もう一つ忘れてはならないことがあるように思えてなりません。

それは、**「感謝の心を持つ」**ということです。

地球に、大自然に感謝する心を持ちながら暮らせば、環境を壊してしまうような行動を手放すことができるからです。とてもシンプルなことですし、「なんだそんなことか」といわれてしまうかもしれません。

しかし実際には、日々地球環境に感謝するということは簡単ではありません。そこでこう考えてみてはいかがでしょうか。

心理学的にみると「感謝」とは、特定の対象に向けてのみ抱き続けられるものではありません。身近な誰かに対して、あるいは昔お世話になった恩人に対して、心のなかに日々感謝の言葉をたずさえておくことで、その思いはやがて、地球上のすべての人や物に対しても発露されていきます。

だから私はこう願うのです。

「日々、身近にいる大切な人に、感謝の言葉を伝えてください」

「口に出していうのが難しいときは、心のなかで念じてください」

その繰り返しこそが、やがて私たちの心に、環境を守り、地球を護る思いを育んでくれるに違いありません。

「買いたい衝動」をクールダウン

ポチッとすぐ買ってしまう人たち

物と出会った瞬間、「あ、これ、欲しい！」と、ときめくことって、ありますよね。

とりたててずっと探していた物でなくとも、自分の感性にピッタリ合う物を見つけると、気分も高揚するものです。

でもまさにそのときなのです、衝動買いが起こりやすいのは。

お店で買い物をする場合はまだ何段階か、実際に買うまでにステップがあると思います。

洋服なら試着してから考え直すとか、ほかにいい物はないかと店内をうろうろするとか、レジに行くまでの間にワンクッション置いて、頭を冷やすこともできます。

ところがすっかり身近な存在になった「ネットショッピング」には、そういった〝間〟がほとんどありません。

「いいね、これ」と盛り上がり、ハイテンションのまま「ポチッと」購入ボタンをタップして、すぐカードでお会計……といった具合に、瞬く間にショッピングが終了してしまいます。

しかも、仕事を終えて夜にお酒が入っていたりすると気持ちが大きくなり、「これ、いいいな。買っちゃえ」と次々に買い物をしてしまうリスクはさらに高まります。

しかし、こうして「ネット衝動買い」した物は、後悔することが多いものです。二、三日して段ボール箱に入った商品が玄関に届いても、最初は「あれ、何か買ったっけ？」と買った記憶すらあいまいなこともあります。

そして、開けてみてようやく、数日前に酔ってネットショッピングをしたことを思い出しますが、部屋のなかにはそうやって購入したたくさんのグッズが、使われずに山積しているという方もおられるのではないでしょうか。

なかには買ったことで満足してしまい、箱も開けずにそのまま積まれているといったケースもよく見かけます。

「ひと晩寝かす」のが鉄則

それを避けるためには、**どんなに「買いたい衝動」が高まっても、ネット通販では注文するまでに「ひと晩寝かす」ことを心がけましょう。**お酒が抜けた状態、あるいは疲れが回復した状態で再度判断してみると、不要なネットでの買い物を防止できることが多いからです。

「明日、もう一度、考え直す」をマイ・ルールにするのです。

そうすると、おそらく半分以上の確率で、「なんであんなに欲しいと思ったんだろう。いますぐ必要ってわけじゃないし、やめておいてよかった」となると思います。

私の知る範囲でも、実際にこの方法で浪費を抑えることができるようになり、「自分に自信がついた」と報告してくださった患者さんが大勢いらっしゃいます。浪費をコントロールできないことによって、「自己肯定感」を持てなくなる方も少なくないのです。

ひと晩経って、あるいは何日かして、それでも「欲しい」気持ちが薄れず確固たる物である場合には、買っても後悔は少ないはずです。「これは本当に自分に必要な物なんだ」と自らの決意をもって買うからです。

またネットショッピングで注意したいのは、「実際に手に取って見られない」ことによるリスクが、常につきまとうことです。「色やサイズ、素材感、デザインなどが思っていたものと違った」といったことがしばしば起こります。

もちろんほとんどの場合、手軽に返品・交換できますが、その手軽さがまた問題です。「気に入らなければ返せばいい。交換すればいい」からと、商品をあまり吟味もせずに買ってしまう人が少なくないのです。

不要なものを買わなくて済むのはいいのですが、返品・交換もたび重なれば、送料負担がお財布を圧迫します。

また、実際に商品が自宅に届いてしまうと、たとえデザインが気に入らない服であったとしても「返品するのも、めんどくさい」という気持ちのほうが上回ってしまうこともよくあります。

そして、「いつか自分の好みが変わるかもしれないし」と、返品しないことを正当化する理由をつくり出して、結局クローゼットにかけたままにしてしまう。こうして実際にはけっして使われることのない、〝タンス在庫〟を増やしてしまうのです。

また、ネットには価格を比較するサイトが充実しています。

これも便利ではありますが、失敗することが多いようです。

せっかく前から欲しかった素敵な商品をいよいよ買おうと思ってネットを見ると、類似品で半額くらいの物がほかのメーカーから販売されており、思わずそちらを買ってしまった。でも実際に届いてみたら、「安かろう、悪かろうの粗悪品」だった――。

そんな体験談もよく耳にします。

リアルにせよ、ネットにせよ、買い物はすべからく「衝動買い」をせずに、「ひと晩寝かす」ことを鉄則とする。そんなマイ・ルールをつくってみてはいかがでしょうか。

買うかどうかをしっかり判断するには、いったんは心を落ち着け、「考える時間」を持つことが大切です。

気に入った物を、長く

使い捨て、平気でしていませんか？

前に触れた「ＳＤＧｓ」の視点に立つと、「使い捨て文化」から脱却しなければならないときが到来しています。

人々がまだ環境問題に関心の薄かった以前は、たとえば「靴はかかとが減ったら、修理せずに捨てる」「服はすぐに流行遅れになるから、一年着たら捨てる」「食器は洗うのが面倒だから、使い捨てのものにする」といったことがスマートな生き方かのように考えられていた時期もあります。「いい服を一着買うよりも、安い服をたくさん買ったほうがいい。汚れたら捨てても惜しくないから。そのほうがいつも新品を使えて気持ちがいい」といった話がよく聞かれたものです。

一方で、いらないものをたくさん買って、もったいないから捨てられず、片づけられないまま家がゴミ屋敷化してしまった、というケースもあとを絶ちません。

スタイルは違いますが、どちらも「ゴミを出す」という部分では同じです。そんなときにこそ、「半分、減らす」ことが大切です。

そこで、これからの時代は物とどう向き合えばいいのかを、考えてみましょう。

「ちょっと値の張るいい物」を買う効果

不要な物を買ってゴミを増やすのを防ぐためには、「高い物を買う」のも一つの方法です。

使い捨て感覚で物を扱ってしまうのは、「値段の安い物だから」という部分が大きいですよね。たとえば一枚一〇円の下着なら、毎日脱ぎ捨てても月に三〇〇円の出費で済みます。それなら捨てるのもあり、と考えるかもしれません。

でも一枚一〇〇〇円なら、どうでしょうか。

月に三万円を要しますから、使い捨てにはできません。ちゃんと洗濯して、大事に使うでしょう。

あるいはスーツの場合、セールで「三着いくら」の安値で手に入れた物なら、食べこぼしのシミとか、泥はねの汚れなどがついても、さほど気にしませんよね。「ちょっとくたびれたら、捨てればいいや」という心理が働いて、脱いだときもそのへんに投げ捨てるようにしたりと、ぞんざいに扱ってしまいがちです。

では、一着一〇万円以上ならどうでしょうか。

金銭感覚は人それぞれですが、私なら一〇万円もかけて購入したスーツなら、着ていく場所を選びますし、食事のときはナプキンを当てるなど、汚れないよう細心の注意を払うと思います。

型崩れしないよう、ハンガーにかけたり、ズボンプレッサーを使ったりと、手入れも怠らないでしょう。

物の宿命というべきか、このように「安い物はぞんざいに、高い物は大切に使う」というのは誰でも持っている感覚だと思います。

この心理を利用するのです。

もちろん自分のお財布の許す範囲ではありますが、**あえて高い物を少しだけ買うよ**

うにしてはどうでしょうか。

もちろん、高い物がすべていい物とは限りませんが、それなりの価格の物は、品質もよいことが多いものです。それに加えて自分自身でもていねいに扱う分、長持ちもします。そして確実に、ゴミを減らすことができます。

その際、**いつも買っていた〝安めの物〟の二倍くらいの値段を目安にする**といいでしょう。毎月入ってくるお金は同じですから、いつもの倍の値段の物を買えば、量的にはいつもの半分程度に収まります。

ということは持ち物も半分に減り、〝将来のゴミ〟を半分、減らすことができるのではないでしょうか。

衣類などはとくに、「ちょっと値の張る物を買って、大切に、ていねいに、長く使う」ことを意識する——。

これからの消費行動の軸としてご提案したいと思います。

「捨てる」のではなく「手放す」

物の価値はここで決まる

前項のように考えますと、「安い物＝どうでもいい物」と思いがちですが、実は必ずしもそうではありません。

安くてもすごく気に入って、大切に使う物もあるのではないでしょうか？

とりわけ洋服やアクセサリー、小物などファッションに関するものは、自分の体型に合っていることや、ＴＰＯ、あるいはご自身のセンスにマッチしていることが大切です。ただ値段の高い服を身につけることは、むしろファッションセンスの乏しい人に見られてしまうかもしれません。

実際、「これ、いま流行《はや》りの○○のブランドの服で、○○円もしたんだ」と自慢げに見せる人よりも、「この服、安いんだけど、機能的だし、シンプルだし、自分の体型に合っていて、色もすごく気に入っているんだ」といって、その服を上手に、大切に着こなしている人のほうが、ずっと魅力的に見えるでしょう。

つまり「どれだけのお金をかけたか」より、「その人がどれだけ大切に使うか」によって、物の価値は決まると思うのです。

そんな**物を大切にするスピリットを持つようにすれば、買い物に使うお金も、買った物を〝将来のゴミ〟にする量も、あっという間に半分になってしまう**はずです。

ちなみに私たち禅僧は、普段着は「作務衣《さむえ》」一辺倒です。

しっかりした作りの物ですと一着二万円ほどしますから、作業着としてはそう安いものではありません。

でもていねいに、大切に、何度も洗濯して五年も一〇年も使うことができます。

ちょうどこの文章を書いているいま、私が着ている作務衣は亡くなった父（先代住職）が修行時代から着ていたものです。

父が建長寺の僧堂で修行したのは昭和五〇年ごろですから、この作務衣は「四〇年選手」ということになります。月額に直すと約四〇円ほど。安くて、着やすくて、丈夫な逸品です。

ご葬儀などで着用する法衣《ほうえ》になりますと、黒い衣は安くても一〇万円くらい、さらに格式の高い色のついた衣は二〇〜三〇万円、その上に着用する袈裟《けさ》は一〇万円から、高価なものでは数百万円もしますが、どれもお坊さんにとっては一生物。次々と新調するなどということは、まずありません。

値段にかかわらず大切に、きれいに、長く身につけるのが、私たち禅僧のモットーで、「ＳＤＧｓ」の身近な実践といえるかもしれません。

「売る」という選択肢もあり

「使わないけれど、捨てるのはもったいない」という物については、「売る」という選択肢があります。

いまはメルカリ、ラクマ、ジモティーといったフリマアプリがとても充実していて、「売れない物はない」といっても過言ではないほどです。**「不要品は捨てずに売る」**という選択肢も意識したいと思います。

せっかく買った物を「ゴミ山の一員」にしてしまうのはかわいそうですし、使わずに捨ててしまうのは環境に負担をかけることにもつながります。**売ったり、譲ったり、上手に手放しましょう。**

私の勤務するクリニックに、うつ病の治療のために通院されていたある患者さんは、「フリマアプリで不要品を売ったら、四万円の臨時収入になったうえに、物が少なくなって整理されて、部屋がきれいになったんです。心もすっきりして、得した気分です！」と、うれしそうに報告してくださいました。

「自分の力で部屋をきれいにして、お金にもゆとりができた」という感覚から自己肯定感も向上し、その後しだいに前向きな考え方ができるようになっていったそうです。

最近なんとなく元気が出ない、ネガティブな考えが多いという方は、こうした方法を参考にしてみてはいかがでしょうか。

「やらなくて済んだこと」日記術

「ムダにしなかった私は、えらい！」

この本では、いろいろな角度から「半分、減らす」ための方法をご紹介していますが、とはいっても買い物などの「消費」を半分減らすのは、最もハードルが高いことなのではないかと思います。

本書では、できる限り自然な形で、「気がついたら、半分、減っていた」という方向に持っていくことを目指していますが、消費に関してはなかなか難しいという方も少なくないでしょう。

これは、消費を減らすことにはどうしても「我慢」という感覚がつきまとい、モチベーションを保ちにくいからです。

そこをクリアするには、**「言葉の力」を借りる**ことが非常に効果的です。そのなかでも最も大きな支えになる言葉、それは**「自分を褒めて、励ます言葉」**です。

自分を褒めるポイントは、「買い物をしなかった」ということではありません。「不要な物を買って、それをムダにしなかった」ことです。

前者を〝褒めポイント〟にすると、「買い物＝悪いこと」になってしまいます。こうした認識が心のなかに固着してしまうと、本当に必要な物を買ったときにすら罪悪感を覚えるようになってしまうかもしれません。

それに加えて、「買い物ができなかった」ということに対する欲求不満が解消されません。「買い物をガマンした私はえらいけど、ストレスがたまった」という認識をしますから、その分の衝動をどこか別のところで解消しなければならなくなってしまいます。

その結果、気分は曇りがちで、自己肯定感も下がってしまうのです。

一方、「ムダにしなかった」ことを〝褒めポイント〟にするよう意識すれば、「ゴミを出さなかった」ことが「いいこと」と認識されます。

自分にとっても、世の中にとってもよいことをした——。これならば罪悪感を抱く必要もありません。「微力ながら、ゴミを減らすことに貢献したんだ」という気持ちを持つことで、自己肯定感を養うことができるのです。

我慢した自分をなぐさめるより、社会貢献につながる行動をした自分を褒めてあげることのほうが、「不要な買い物はしない。ムダを出さない」ことへの推進力になるに違いありません。

「今日、買わなくて済んだこと」

自分が努力して取り組んだことを本当に認めてあげるために、心のなかで「よくがんばったね」と褒めるだけでなく、より積極的なアプローチに挑戦することもできます。

私が推奨したいのは、

「やらなくて済んだこと日記」

です。

ふつう日記というものは、主に「やったこと」を書いて記録しておくためのツールだと思います。「やらなかったこと」を記録することは、行動できなかった自分を否定するような気もしますし、あまりなさらないのではないでしょうか。

けれどもこの本のテーマである「半分、減らす」を実現するための行動は、そのほとんどが「やらなくて済んだ」ことばかりです。

食べすぎないで済んだ、買いすぎないで済んだ、残業しすぎないで済んだ……。これらはすべて、やりすぎを手放すからこそ実現できることだと思います。

つまり、**「やらなくて済んだ」ことの積み重ねは、「半分、減らして」心も体も軽やかに生きてゆくための確固たる道のり**にほかならないのです。

そして、その「やらなかったこと」をあえて記録することで、その効果をさらに増強できるということを、ぜひ体験してみていただきたいと思います。

たとえば、本章のテーマである「消費」の場合、こんなふうに記録してみます。

《今日、買わなくて済んだこと》

「デパートに冬のセーターを買いに行った。かわいいスカートやコートにも気持ちが動いたけど、ワードローブの整理をしてからと、今日は見送った。〝タンス在庫〟を増やさなくてよかった」

「スーパーで五個買えば安くなるからと、まとめ買いをすすめられたけど、全部使い切れるかわからなかったから、まずいま必要な二個だけを買った。勢いにつられなくてよかった」

「必ず年に二回、お気に入りのショップのバーゲンに出かけていたけど、今年はやめた。やめてみたら、いままでバーゲンというだけで何か買わないともったいない気がして買いすぎてしまい、多くのムダを出していたことに気づいた」

恋愛の悩みを抱える人にもおすすめ

いかがでしょうか。あえて記録に残すことで、「やらなくて済んだこと」の一つひとつが、「トクしたこと」に転換されていくのを感じていただけるのではないでしょうか。

この「やらなくて済んだこと日記」は、買い物を中心とする消費行動だけでなく、飲みすぎ、食べすぎ、ゲームのしすぎ、まわりの目を気にしすぎなど、さまざまな行

動や心理現象に応用できます。

たとえば、ついいつもお酒をまとめ買いして飲みすぎてしまう人なら、たまにはその日の分だけを買って帰る「都度買い」をして、その夜、どんな様子だったかを記録します。

「今日は会社帰りに、ロング缶のビールを一本だけ購入して帰ったところ、それ以上飲まなくて済んだ。えらいぞ、私！」

といった具合です。この方法で半分くらいまで自然に、酒量を減らせた患者さんもいらっしゃいました。食べすぎる人なら、

「いつもは山盛り二膳食べるごはんを、軽めに二膳にしてよく噛んで食べた。そうしたら少なめでも十分に満足感があった。食べすぎずに済んでよかったな」

といった感じで記録します。

この方法で、それほど労せずして食べる量を半分くらいに減らすことができて、しかも健やかに減量できたならば、ムリにダイエットする人が陥りがちな「リバウンド」もほとんど起こらないのではないでしょうか。

この方法は、**恋愛の悩みを抱えがちな方にもおすすめ**しています。本当は送られ

てくるはずもない元カレ・元カノからのメールを期待して、何度も何度もスマホをチェックしてしまう……。

そんな経験をお持ちの方は少なくないかもしれません。ずっとスマホのメールを気にし続けているうちに、心のエネルギーを消耗して疲れ果ててしまう、そんな方にこそこの手法をおすすめしたいのです。やり方は非常にカンタンです。

「今日もメールをチェックしなかった。えらいよ、私！」

と記録する。これだけです。

メールをチェックしたいけれどしないようにと、ただ我慢するのは大変なことです。そこで、チェックを「しないで済んだ」こと自体を、自分で褒めてあげるような言葉を用いて記録していくのです。

するとその都度、少しずつ、少しずつですが自らの存在を肯定する心が育まれます。その積み重ねによって自分自身を受容できるようになれば、やがて会えない相手に依存する心をも手放せるようになってゆくでしょう。そして気づけば、メールをいちいちチェックするという考え自体がなくなっているに違いありません。

4章

「情報」を半分、減らす。

スマホの使用時間を、半分に

三〇年前の渋谷の写真を見て覚えた違和感

最近、ある写真家の方のウェブサイトで一九九〇年ごろに撮影された渋谷駅のハチ公前の写真を見つけました。いまと変わらずたくさんの若い人たちが待ち合わせをしたり、談笑したりしてにぎやかな光景なのですが、私はそれを見て小さな違和感を覚えました。

そこでラジオ収録のためにNHKに向かう道すがら、ハチ公前に立ち寄ってみたところ、その違和感の理由がはっきりとわかりました。そこにいる人々の、「顔の角度」がまったく違うのです。

いまのハチ公前では、誰もが下を向いてスマホを見ています。ところが一九九〇年のハチ公前では、誰もが前を向いていたのです。幾人かいる下を向いた人も、スマホではなく本や雑誌を読んでいました。

たった三〇年の間に、私たち人間の「姿勢」が大きくゆがめられてしまったことがわかります。

それと同時に、スマホをはじめとするモバイル端末の普及によって、世の中の情報量は爆発的に増えました。四六時中、私たちは情報の渦のなかで暮らしています。電車に乗っている間、ほとんどの人がスマホを見て過ごすのが当たり前の光景になりました。

スマホの使いすぎで感覚が「マヒ」する!?

スマホを使ってゲームをやっている人も多いかと思いますが、ゲームからも膨大な量の情報が脳に飛びこんできています。

ゲームに限らず、スマホでニュースやユーチューブなどを見たり、サイトで調べものをしたり、あるいはSNSを使ったり、どれを取っても情報に触れる時間が連続していることには違いがありません。

街では、歩きながらスマホ、信号待ちをしながらスマホ。カフェやレストラン、居酒屋などでは飲み食いしながらスマホ。

職場では、仕事の合間にスマホ、休憩中にスマホ。家では、リビングでテレビを見ながら、トイレで用を足しながら、お風呂で湯船につかりながら、ベッドで横になりながらスマホ……。

さすがに驚いたのは、ラーメン屋さんで店に入ってから、オーダーして、食べて、店を出ていくまでの間、ずっとスマホでゲームをし続けていた人を見かけたときです。ところがふと店内を見回してみると、同じようにラーメンをすすりながらもスマホを見続けている人が過半数はおられました。

「これではせっかくの美味しいラーメンも、食べた気がしないだろうな……」と思いました。

「味覚鈍麻（味覚が麻痺したように鈍ってしまうこと）」に陥って、どんどん濃い味、辛い味を求めるようになってしまうでしょう。満腹感を得られにくくもなるため、物足りなくなってドカ食いしがちにもなります。

まず、「寝る前のスマホ」を断つ

そんなふうでは「頭」と「目」の休まる暇がありません。「情報疲れ」をするのも当たり前でしょう。

いくら大量の情報を手に入れられるからといっても、それと引き換えに心身が疲れきってしまってはいい仕事ができなくなってしまいます。

どんなにSNSをこまめにチェックしたところで、実際の人間関係が充実するわけではありません。そもそも、そうやって手に入れている情報は、本当に仕事やプライベートを充実させるために必要なものなのでしょうか。

体のためにも、心のためにも、さらには人間関係のためにも、スマホの使い方をよく考えるべきときなのではないでしょうか。

『スマホ脳』（久山葉子訳／新潮新書）というベストセラーの著者であるスウェーデンの精神科医アンデシュ・ハンセン博士によると、

「一日二時間を超えるスクリーンタイム（使用時間）は、うつのリスクを高める。現

代人のスクリーンタイムは一日平均四時間に達している」

とのこと。

このことからも、スマホの使用時間を「半分、減らす」のがちょうどよいことがわかります。**最終的には「二時間未満」に、できれば一時間程度にまで減らすのがベスト**だと私は考えています。

もはやスマホは、仕事を含む生活の必需品ですから、「まったく見てはいけません」というのは非現実的です。「常に見ている状態」から「まったく見ない状態」に移行するのは極端すぎて、生活のバランスがゆらいでしまうかもしれません。そこで大事なのは、やはり「中道の精神」なのです。

私がよく「スマホ依存が顕著で、情報の洪水におぼれて生きづらくなっている」かのように見える患者さんに申し上げるのは、

「まず夜寝る前だけでも、スマホを見るのをやめてみましょう。睡眠の質がぐっとよくなりますよ」

ということです。

「夜、寝る前」は、比較的スマホから離れることのできる時間帯なので、うまく実践

できる可能性が高く、しかもかなりの割合で不眠の改善が期待できます。

心身の不調を抱えておられる方も同様です。ご自身に「スマホ時間」が長い自覚がある場合は、まず「寝る前のスマホ」をやめてみてください。きっと改善の糸口となるはずです。

でも、ただ「なるべく寝る前は見ないようにしよう」と思うだけではなかなかうまくいきません。枕元に置いたスマホが気になって、ついつい寝ながら手が伸びてしまいます。

寝る前のスマホを手放す最大のコツは、「スマホと物理的に距離を置くこと」です。つまり、**スマホを枕元に置かない。シンプルですが、これに尽きるのです。**

別の部屋に置く方法もありますが、もし緊急の電話が入ったり、地震警報などのアラームが聞こえなかったりしたらと思うと不安になるかもしれません。

そこで私は、**寝室のなかでもベッドや布団からは絶対に手が届かない棚や、デスクなどの上にスマホ置き場をつくりましょう**、とおすすめしています。

夜寝るときは、多くの方がスマホを充電すると思います。そこで、充電器や充電スタンド自体を、寝室のなかの寝床から手の届かない場所に設置してしまえばよいのです。最近ではプラグを挿さなくても充電できる、非接触の充電トレイや充電ステーションと呼ばれるグッズも普及するようになりました（スマホの機種によって使用できない場合もあります）。

こうしたグッズを置く場所を、ひと工夫してみるのが得策です。私も実際にクリニックで、朝の起床が難しく会社に遅刻を繰り返すため、睡眠障害を疑って受診された患者さんにこの方法をおすすめしたところ、睡眠薬などをまったく使わずに、数週間で毎日定時に出社できるようになりました。

スマホの「断捨離プロジェクト」

「寝る前のスマホ」をやめて、体調がよくなった。これはまぎれもない〝成功体験〟そのものです。

それが、さらに「スマホ時間」を減らす弾みになるのです。そこで次は、「半分、減らす」ことを目安に、〝行動変容〟を起こしてみましょう。

その段になってとても役立つのが、**iPhoneなら「スクリーンタイム」、An**

droidなら「Digital Wellbeing（デジタル・ウェルビーイング）」の機能です。

以下、私も使用しているiPhoneで説明すると、この機能は「設定」画面に格納されています。

一日にどのくらいスマホを使ったかはもちろん、週平均の時間や、前の週に比べてどのくらいの増減があったか、よく使ったアプリは何かなどの記録も表示されます。

人間が行動変容を起こそうとするときにまず必要となるのは、「己を知る」ということです。いま現在、自分のスマホとの関わり方がどのようなものなのかを、客観的に分析、把握する。それができてはじめて、自らの行動を修正してゆくことができます。

実際に使用時間を減らそうとする際、スマホに内蔵されている**「使用頻度の高いアプリの使用時間に制限をかける」**という機能はとくに秀逸です。

たとえば、SNSを何時間も見続けてしまうという人は、**SNSに限って一日の上限を一時間に設定してみる。**あるいは一日中ゲームアプリばかりやってしまう人は、**ゲームアプリだけを上限二時間にしてみる。**

といった具合です。これは家族で共有したりすることもできます。

この時間制限は二四時間でリセットされますから、一日それを守ることができたら、一回成功です。

そんな日は先にご紹介した「やらなくて済んだこと日記」に書いて改善を目で確認できるようにすると、さらに効果的でしょう。

もう一つ、ニュースサイトなどに登録して、通知がどんどん入ってくるようにしている人は、**「通知機能をオフ」**にするのも有効です。

通知が来るとやはり気になって、いちいちスマホを取り上げて、チェックしてしまうからです。

「情報はあくまで自分から取りにいく」ことを原則にしてみましょう。

相手（ニュースサイトの運営側）の都合で入ってくる情報に翻弄されるのではなく、自分の必要なタイミングで接続して、情報を入手する。

これは私たちが日々の暮らしの「主人公」でいるために大切です。自らの足で、しっかりと日々を歩んでゆくことは、生き生きとした人生のために欠かせません。

「脳過労」から自分を守る

危険にさらされている現代人の脳

最近、スマホの使いすぎによる**「スマホ脳過労」**が問題視されています(「脳疲労」と呼ばれることもありますが、本書では「脳過労」という言い方に統一していいます)。

これは「スマホから文字・映像などの膨大な情報が絶えず流入し続けて、脳の情報処理が追いつかなくなることで起こるもの」とされています。

脳神経外科の医師や研究者によると、**「スマホ脳過労の患者の脳では、前頭葉の血流が減少し、もの忘れが激しくなり、判断力や意欲が低下する」**そうです。

とても怖い現象ですよね。

スマホだけではなく、パソコン業務も長時間続けることにより同じことが起こると考えられます。**デスクワークが中心の人は、まさにPCとスマホのダブルパンチを受けて、脳の過労を招くリスクが高い**ということです。

最近ではテレワークもずいぶん浸透していますが、オフィスと異なり、家でするテレワークではほとんどの時間、パソコンの前に座ったまま過ごすことになりやすいものです。

その結果、体を動かすことが極端に少なくなるため、全身の血流と酸素供給が滞って、ますます脳の過労が起こりやすくなる可能性が指摘されています。

脳の機能低下が起こると、仕事に悪影響が出るだけではありません。頭も体もいつも疲れている、よく眠れない、イライラして感情が乱れやすい、気分が落ちこむ、集中力が落ちる、やる気が起きない……とあげればきりがないくらい、心身にさまざまな不調が出てきます。

そこで前項の「スマホ時間を半分減らす」ことに加えて、**「デジタル機器の使いすぎによる疲れを軽減する方法」**を、いくつかご紹介させていただきます。

スティーブ・ジョブズもこういっている

脅すわけではありませんが、「デジタル機器」を使いすぎることは本当に危険なのです。

なにしろ〝IT側〟にいるはずのビッグネームの人たちでさえ、とくに子どもたちに対して、使いすぎに警鐘を鳴らしています。

たとえばアップルコンピュータの設立者の一人、スティーブ・ジョブズは生前、**「わが子にはiPadをそばに置くことすらしない」**といっていました。マイクロソフトの創業者の一人、ビル・ゲイツは、**「子どもが一四歳になるまでスマホを持たせなかった」**といいます。

私たちが心がけるべき一番重要なことは、**「PCやスマホに振り回されない」**ことです。

油断していると、スマホを使っているのではなく、スマホに使われてしまいます。

先にもお話ししたように、「人生の主人公」の座を奪われないようにすることが大切です。

「デジタル機器を使うのは、あくまでも自分自身である」と、常に認識しておくことが大切です。

話は少し横道にそれますが、「主人公」というのは、実は禅語です。

ある昔の和尚さんの逸話がもとになっているのですが、少しご紹介させていただきます（わかりやすく現代語の言い回しにアレンジしています）。

昔々、中国に、瑞巌《ずいがん》和尚という偉いお坊さんがいました。ある日、客人が彼の暮らす山奥の家を訪ねると、庭のほうから叫び声が聞こえてきました。

「おい、主人公。おい、主人公」

「なんだ？」

ところがいるのは和尚だけ。どうやら、ひとりごとだったようです。

不思議に思って客人が「何を話していたんですか？」と尋ねると、和尚はこう答えました。

「わしは自分の人生を自分が主体となって生きているかを常に確認しておかねばと、

『主人公』と名づけた自分自身と問答しているんだよ。『おい、主人公。ちゃんと地に根を張っているかい？』『おい、主人公。自分の足で歩いているかい？』というふうにね。

我々人間は世の中のいろんなことに振り回されたり、実際に自分の身のまわりで起こっていることに振り回されたりして、我を失いがちだ。そこを自分で正しているんだよ」

「デジタル疲れ」を感じたら

この話がもとになって、やがて物語や演劇などで主役の人を「主人公」と呼ぶようになったそうです。

みなさんも「最近、スマホ時間が長いな」「このところ、ちょっと情報過多だな」などと感じたときは、瑞巌和尚のように、自問自答してみることをおすすめしたいと思います。

「おい、主人公。スマホに振り回されていないかい？」

「おい、主人公。SNSやネット情報の海におぼれていないかい？」

というふうに。

そして、上手に距離を置きましょう。

振り返れば以前は、ネットで情報を集めることを「ネット・サーフィン」といいましたよね。

でもいまは、主人公である自分から、能動的に情報の波に乗っていく感じでした。自分が主人公であることを忘れて、情報に対して受け身になっていることが多いのではないでしょうか。

自分の意思はどこへやら、ネットに広がる情報の海をただ漂流しているようです。

私はそれを「ネット・ドリフティング」と呼んでいます。

ネットで情報を取るときは、「ネット・ドリフティング」ではなく、ネット・サーフィンを楽しむ感覚でやろう」と思うといいでしょう。

主人公の座をPCやスマホに取って代わられることを防ぐのが、このネット社会を健やかな心で暮らすための秘訣です。

デジタル機器は〝シンプル〟に使う

脳はマルチタスクが苦手

前にゲームクリエイターを例に、デスクに複数台のデジタル機器を置かないほうがいい、というお話をしました。

いまはゲームやIT業界にかかわらず、どんなビジネスパーソンの方も、複数の端末を使うことのある時代ですから、同様の注意が必要です。

繰り返しになりますが、**デジタル機器は、使っていないものはすべて画面を閉じておくか、棚や引き出し、カバンにしまって、視界に入らないようにしましょう。**

そもそも脳は、マルチタスクが苦手です。

いろいろなことを同時並行でやるより、一つのことに集中したいのです。それなのにさまざまなデジタル機器が起動状態になっていると、脳にストレスがたまります。それが「脳過労」の原因になるのです。〝ながらスマホ〟にも同じことがいえます。

画面の「色」も制御する

デスクトップややラップトップのPC、スマホなどの画面は、みなさん、フルカラーにしていますよね。画像技術が格段に上がって、画面に映し出される写真や映像は、どれも本当にクリアできれいです。

ただ、画面が発する「色情報」は、見ている人間の「注意資源」をかなり奪う可能性があると指摘されています。**「情報を半分減らす」ためには、「色情報」を減らすのも一つの方法です。グレースケール、つまりモノクロに変えるだけで、情報量をかなり減らすことができます。**

たとえば、iPhoneなら、「設定」画面の「アクセシビリティ」のなかにある、「画面表示とテキストサイズ」から「カラーフィルタ」をタップ。これをオンにして、グレースケールをチェックすればOK。簡単に変えられます。

ちょっと味気なく、寂しい感じがするかもしれませんが、なんとなく懐かしい感じもあって、意外と悪くはないものです。

スマホだけではなくPCでもなんでも、だいたいのデジタル機器はグレースケールに設定できます。脳の疲労を回復させるためにも、ときどき取り入れてはいかがでしょうか。

アプリをすっきり片づける

作成したり、ダウンロードしたりしたファイルを、やたらとデスクトップに置いていませんか？

私は学会などでよく、演者の先生が発表の前にご自身のPCをプロジェクターに接続して準備している姿を拝見しますが、「トップ画面がファイルで埋め尽くされて、目的のものをなかなか探し出せない」先生が多いことに驚きます。

そこで興味を持って、その先生が所属されている研究室のウェブサイトを見てみると、ご自身の紹介部分に載っている写真で、いつも研究されている部屋のなかも本が山積みになっていたりします。ＰＣのトップ画面も部屋のなかも同じ、日ごろの習慣が反映されるのでしょう。

整理が苦手な人は部屋のなかも、仕事机の上も、ＰＣのトップ画面も、同じように散らかっているものです。

でも（これも繰り返しですが）、視野のなかに物があふれていると、それだけ思考がジャマされるし、脳も疲れます。

トップ画面もシンプルにしておけば、ＰＣを開いた瞬間から脳が消耗してしまうのを防ぐことができるでしょう。

ちなみに私は、ＰＣのトップ画面にワード、パワーポイント、エクセルと、本を読むためのキンドル、コロナ禍で加えたオンライン会議ツールの五つくらいしか置いていません。必要最低限のアプリだけ表に出しておき、それ以外の細かなファイルやツールはプログラムの一覧から呼び出すようにしています。

スマホもこれと同じで、画面上に大量のアプリが何ページにもわたってぎっしりと置かれているのを見ることがありますが、日常的に使うアプリはそれほど多くないはずですから、使わなくなったアプリは消しておくことをおすすめします。

自然のなかへ退避する時間も大切

日常的な情報過多から解放されるためには、情報の少ない環境に「リトリート」、つまり退避する方法があります。

最も効果的なのは、**自然のなかに身を置く**ことです。

いま流行のソロ・キャンプはとてもいい方法だと思います。スマホの電波が届きにくいところなら、なおさら効果が期待できるでしょう。

また遠くまで足を延ばす余裕のない人は、近所の公園や遊歩道などでもけっこうですから、豊かな自然の息づくスポットに出かけ、情報が少ない場所に一時的に身を置いてみるとよいでしょう。

私もときどき、仕事帰りに自宅のそばにある磯子の海に行って、何もない工業地帯の防波堤で海を眺めたりしています。

情報過多から解放されるための一助として、ぜひ取り入れていただきたいと思います。

仕事の合間に、ちょっと瞑想

脳を休息させるための基本

脳は三段階で情報を処理します。まず情報を入れる「インプット」作業。次に、入ってきた情報を「整理する」作業。そして整理された情報を使って、話したり、書いたりする「アウトプット」作業です。

このうち二段階目の「情報の整理」が行なわれないと、脳のなかに情報があふれ、ゴミ屋敷のようになってしまいます。

とめどなく情報がインプットされると、脳は休めません。すると、この情報の整理がうまく機能しなくなってしまい、結果として、仕入れた情報を覚えておくことも、活用することも難しくなってしまうのです。

ですから**「仕事の合間にスマホ」は大敵**です。息抜きのつもりかもしれませんが、現実には多くの場合、「脳過労」を増幅させることになってしまいます。

PCに向かう仕事の多い人はとくに、「休息するときは、極力情報の少ない環境で、ゆっくりと過ごす」のが一番。そういう状態になってはじめて、脳の〝整理回路〟が活性化されるのです。

スマホde瞑想

脳を休めるのは、**「一時間働いて、五分休む」**くらいのペースがいいでしょう。その休憩タイムに瞑想を取り入れると、なお理想的です。脳はみるみる元気になることが期待されます

瞑想はまとまった時間にやらなくてはいけないということはありません。もちろん仏教の修行者が深い瞑想状態に入っていくような、「禅定《ぜんじょう》」と呼ばれる状態を目指す瞑想は長時間続けることが必要とされますが、仕事の合間の瞑想では、脳を〝仕事モード〟から〝休息モード〟に切り替えることが、主な目的です。気軽に取り組んで

いただければと思います。

この本のコラムでご紹介しているものや、私のホームページに公開しているものもありますので、ぜひ試してみてください。

それから、**スマホの「瞑想アプリ」を利用**するのもおすすめです。

「ガイデッド・メディテーション」といって、瞑想しながら聴くための音声ガイドが豊富に提供されています。

これは、スマホの画面を見るわけではないので、視覚的な情報をシャットアウトして瞑想することで脳を休めることができます。

この種のアプリでは、たとえば川の音を小さく流しながら、「川が流れています。水の流れる音が聞こえますね。その音に注意を向けましょう。（しばらくして）次は川の音を聞き流しながら、息を吸い、お腹がふくらむのを感じてください」といったように音声ガイドが入り、利用者をスムーズに瞑想に導いてくれます。

自力で「呼吸瞑想をやろう」と思っても、どうしてもいろいろな思考が浮かんできて、集中するのが意外と難しいという方が少なくありません。

そうしたときに音声ガイドがあれば、ともすれば頭のなかをぐるぐるとまわってしまう思考を、穏やかに止めることができます。音や声の誘導で、意識を一点に向けることがしやすくなるのです。

ところで、あまり知られていませんが、**iPhoneに最初から入っている「ヘルスケア」というアプリには、「マインドフルネス」のカテゴリーがあって、一日に実施したマインドフルネス瞑想の時間を記録することができます**（画面の下のほうの「ブラウザ」ボタンをタップすると表示されます）。

これはとても便利です。ほとんどの瞑想アプリをこの「ヘルスケア」と連携させられるので、瞑想アプリを利用するだけでどんどんここに記録されていくのです。

ぜひ好みのアプリを入手して、試してみてください。習慣化するうえで、記録は大変大きな助けとなります。もちろんPCにあるアプリを利用してもいいでしょう。

一時間に五分程度なら、仕事時間を削ってでも、こうしたセルフケアにあててみる。その価値は非常に大きいと思います。

SNSを「半分、減らす」

脳過労、人間不信、孤独感……

複数のSNSをコミュニケーション・ツールとして利用している方は多いでしょう。たとえば親しい人と、ときにはリアルで会ったことのない人も含めた〝友だち〟と、互いの日々の行動や、ある問題をめぐる意見・感想などを交換したり、不特定多数の人に向けてメッセージを発信したり、情報を共有しながら「いいね！」の輪を広げたり。

SNSには、いろいろな意味で「世界が広がる」楽しみがあると思います。

ただ反面、SNSをやりすぎることの弊害もまた、数多く指摘されるようになりました。先ほどお話しした「スマホ脳過労」もそうです。

それから、「炎上」による攻撃を受けて自らの心を苦しめてしまう、人間不信に陥る、あるいは大勢の人とつながっているはずなのに孤独感が深まるなど、以前よりも〝心の闇〟を抱えこんでいる人が多いように感じています。

SNSをやりすぎている方は、そろそろ「半分、減らす」ことをメドに、SNSとの関わり方を見直してみることをおすすめしたいと思います。

「見に行く頻度」をどう減らすか

SNSをやっていると、どうしても「見に行く」頻度が増えますよね。

「つながりのある人の投稿が気になる」
「ウォッチしている人の言動が気になる」
「自分の投稿に対するリアクションが気になる」
「SNS上でどんな情報が行き交っているのか気になる」

といったさまざまな理由があると思います。

SNSにつながる頻度を最も高くしている要因の一つに「通知」の機能があります。

「SNSでメッセージが来たら音が鳴る」というふうに設定していると、音が鳴るたびにどうしたって「見に行かなきゃ」という気持ちになってしまうのです。

そこで思い切って一度、**「通知機能をオフ」**にしてみていただきたいと思います。

ほかにも、**「フォローしている人の半数くらいをタイムラインに表示しない設定にする」**、あるいは**「リアルの人間関係にヒビが入らない範囲でフォローしている人の数を半分減らす」**のもいいでしょう。

そうすれば、単純に「○○さんが新しい写真を投稿しました」「○○さんが記事をシェアしました」といったお知らせも半分減り、「つい見てしまう」ことも減らせます。

でも、もっといいのは、**「使っているSNS自体を半分減らす」**ことです。

「そんなこと、怖くてできない」という声が聞こえてきそうですね

でもちょっと考えてみていただきたいのです。

SNSから得ている情報は、それほど必要性の高いものでしょうか？

SNS上のコミュニケーションは、それほどなくてはならないものでしょうか？

ご自身がSNSで発信している情報は、心底伝えたいことでしょうか？

もしすべて必須のものだと感じておられるようなら、いまの使い方を続けることに意味があると思いますが、そうでないものが多いなと思われた方は、いまこそ「SNS削減」の好機を迎えているのかもしれません。

私がFacebookをやめた理由

私自身がいま使っているSNSは、LINEだけです。Twitterはやったことすらなく、Facebookは三年ほど前にやめました。

なぜ、Facebookをやめたのか——。

当初は講演会や坐禅会のお知らせ、ラジオ、テレビなどに出演する際の告知などに利用させていただいていました。

それがだんだんと〝友だち〟が増えていって、気づけば一五〇〇人以上になっていたのです。

もちろん、SNS上とはいえ友だちが増えることはとてもありがたいことです。ただそのなかの多くの方から、Facebookのメッセンジャーで連絡が来るようになり、返信が追いつかなくなってしまいました。

いただいた連絡にはていねいに対応したいという思いがあった私は、一日の多くの時間をSNSの返信に割くようになっていたのです。

さらにあるときを境に、日本だけでなく海外の方からもそれぞれの言語でメッセージが届くようになりました。

これもとてもうれしいことなのですが、ネットの翻訳機能を用いて日本語に訳して読み、返事を書いて向こうの言語に翻訳機能で変換して送信する作業は、大変多くの時間を必要とします。

やがてついに、一日にいただいたメッセージをその日のうちに返信しきれなくなってしまいました。

かといって、ある人には返信して、ある人はスルーして、といったことをするのはとても気が引けてしまい、悩みの種になってしまいました。

そこでまず、メッセージ機能をオフにしました。ところが今度は、コメントのほうに大量にメッセージが来るようになって、気がついたらその対応にも毎回一時間以上の時間を割くようになりました。

いただいたコメントのほとんどが温かく、思いやりのあるご意見でとてもうれしかったのですが、「コメントをもらいっぱなしにしておくのは申し訳ないし、せめて礼儀として、お返事を書かなければ。でもそんな時間はとてもつくれない」というジレンマに苦しんだ結果、「お手上げ」だと判断しました。その日のうちにアカウントを削除することにしたのです。

そんな経験から、**SNSを利用するときは自分が受けられる範囲をあらかじめ、自分で規定しておく**ことが大切であると感じています。

でないと、上手につき合えば楽しいはずのＳＮＳを使うことで、自分がバーンアウトしてしまうという、悲しい結果を招きかねないと思っています。

コラム3　「ありがとう瞑想」で心を穏やかに

私たちはみな、誰かの、何かの助けがなければ、生きていくことができません。すべてに「ありがとう」ですよね。でも日々、忙しく暮らしていると、当たり前の存在に対して感謝の気持ちを忘れてしまいがちです。感謝よりも不平・不満が心のなかを占拠してしまい、ささくれ立ってしまうことも少なくありません。

この「ありがとう瞑想」は、人は誰もがご縁に支えられて、満ち足りて生きていけるということを思い出すことのできる瞑想です。

①ラクな姿勢で椅子に座り、目を閉じて、数回、ゆっくりと深呼吸します。息を吸うときに新鮮な空気をたくさんいただき、息を吐きながら、体や心のなかが浄化されてゆくイメージをしてみましょう。

②まず、小さいころにお世話になった人のことを思い出します。たとえば「転んでケガをしたとき、学校の先生が僕をおぶって家まで送ってくれたな」「教科書を忘れたとき、隣の席の子が見せてくれたっけ」など、どんな小さなことでもＯＫ。

その人の笑顔を思い浮かべながら、心のなかで「〇〇してくれてありがとう」と声をかけましょう。自分の表情も柔らかく、少し口角を上げると、なおよいでしょう。

③ここでいったん深呼吸をして、心をリセットします。次に、いま現在の日々の暮らしに思いをはせ、いつもお世話になっている人のことを一人、思い浮かべます。そしてその人の笑顔をイメージしながら、②と同じことを繰り返します。人が思い浮かばない場合は、動物や物に対してでもけっこうです。私もよく木でできたお気に入りの腕時計のことをイメージしながら、「腕が疲れなくて、本当にいつも助かっているよ。ありがとう」と感謝するようにしています。

こうして「ありがとう瞑想」をすると、自分がたくさんの人や物に支えられて生きていることがとてもありがたく思えてきます。

と同時に、自分という存在に対しても慈しみの念を持つことができるようになっていきます。誰かに優しく支えてもらっていることを意識するなかで、しだいに自分自身のことを大切にしたいという心が育まれていくのです。

5章

「仕事」を半分、減らす。

仕事を減らすと生産性が上がる

仕事のやり方を抜本的に見直す

ビジネスの世界には、「効率よく、スピーディに仕事を進め、いち早く多くの成果を出すことのできる人が優秀」という考え方、価値観があります。

生き馬の目を抜くような厳しい世界ですから、しかたのない面もありますが、そのために絶えず仕事に追いかけられ、休む暇もなく働き、心身が疲れ果てている人がとても多いことを、日々の診療のなかで実感しています。

クリニックに疲労こんぱいの状態で来院されるこうした患者さんたちに、私は次のようにアドバイスしています。

「まず、仕事の量を少しだけ、1割でもいいから減らしてみましょう。さらに少しず

つ減らしていって、最終的には半分くらいにできるといいですね」

と。

みなさん、とても忙しくしていらっしゃいますから、「仕事の量を半分にまで減らしましょう」といわれても、抵抗感を覚えるかもしれません。でも、これは「さぼりながらやる」というのとはまったく違います。

仕事の量を「半分」にまで減らそうとすると、

「優先順位のつけ方を抜本的に見直す」

「仕事の一部をほかの人にまかせる」

「仕事の一部を外部にアウトソーシングする」

「必須ではない打ち合わせや会議を簡略化する」

……といったように、これまでとは「仕事のやり方」「仕事の進め方」を徹底的に変えていかなければなりません。

すると、これからお話しするようなさまざまな変化が生じて、仕事の効率性や生産性が高まっていくのです。

「ていねいな仕事」が、いい結果を生む

仕事の量を半分に減らせば、必然的に、一つひとつの仕事に、これまでより「ていねいに取り組む」ことができるようになります。

仕事にていねいに取り組むことのメリットは主に三つあります。

①集中力が上がる
②ミスが減る
③心の平穏を保つことができる

一つは、集中力が上がること。「ていねいにやろう」と意識することで、目の前の仕事だけに注意を向けて取り組めるようになります。ほかの気になることが減り、それにより〝時間の密度〟が格段に上がりますから効率性、生産性が向上するのです。

二つ目は、ミスが減ること。昔から「急いては事をし損ずる」といわれるように、

「速くやらねば」と思うほど、作業が雑になり、ミスが起こりやすくなるものです。ミスをしたら、やり直しが必要になります。その結果、逆にものすごく時間がかかってしまうということにもなりかねません。

そして三つ目は、心が穏やかになること。仕事を抱えすぎていると、それらを処理するためにどうしても焦りますから、心に余裕がなくなります。心のゆとりがなくなると、私たちはイライラしたり、カリカリしたりと不穏な状態になりがちです。そんな状態でいること自体がまた新たなストレスとなり、心身の「疲労スパイラル」に陥ってしまうのです。

仕事を減らし、その分、一つひとつの仕事にていねいに取り組むことによって、腰をすえて仕事と向き合い、じっくり考えながら進めることができる。その結果、よりよい仕事ができるようになるのです。

このように仕事を減らしたからといって、効率が悪くなることもなければ、質も下がることはありません。

むしろ多くのメリットが得られるのです。

なぜ、仕事が終わらないのか？

人に仕事をまかせられない人たち

いつもたくさんの仕事を抱え続けることで心身の疲労をためこみ、体調を崩したり、うつの症状を抱えたりしている人が、いま、本当に増えています。

なぜ、仕事を抱えこんでしまうのでしょうか。

その大きな原因の一つは、

「仕事を人にまかせられない」

ということです。

一〇年以上前の話ですが、私が若いころ勤めていた病院の内科に、採血から点滴の薬の混合まで、ありとあらゆる仕事を自分でやらないと気が済まないドクターがいました。

その多くは本来、病棟の処置室で看護師さんが担当する仕事です。それなのに、その医師が自分でやらないと不安だからと一人で抱えこみ、看護師さんは仕事を取り上げられて手持ちぶさたになっていました。

もちろん、看護師さんたちは、それ以外も多くの看護業務を抱えていますから、仕事が減って喜んでいる人もいました。

でも、なかには「私たちは先生に信用されていないから、仕事をまかされないんです」と、悲しげな表情で私に打ち明けてくれた看護師さんもいました。マンパワーを有効に使えず業務効率が落ちるだけでなく、チーム医療に欠かせない信頼関係やスタッフの士気をも低下させていたのです。

でもこうした現象、医療機関だけでなく、どの職場にも起きていることではないでしょうか。

上に立つ人が、自分でなくてもできる仕事を下に振らないで、一人でてんてこまいして全体としてのパフォーマンスを下げてしまうのです。

そんなふうに、部下を含む自分以外のスタッフに仕事をまかせられない理由は、

「人を信じられない」ことにあるのではないかと思います。

他者を信じられない人は、実は「自らを信じられない人」でもあります。

つまり、自分自身の価値を認めてあげる心の在り方**「自己肯定感」が低い**のです。

「自分は人から信頼されていないんじゃないか」と思うがゆえに、「信頼されていない自分がほかの人に仕事をまかせるなんておこがましい。お願いして嫌われるのもイヤだ」と考えてしまう。

あるいは、「自分が依頼した仕事を、相手がちゃんとやってくれないんじゃないか」と疑ってしまう。そんな心理が垣間見えるのです。

いずれにせよ自己肯定感が低いままでは、組織のなかで立場が上になったときに、「仕事の量を増やして、質を下げてしまう」ことになりかねません。

こんな「思いこみ」がオーバーワークを招く

自己肯定感の高め方について詳しく学びたい方は、拙著『人生がうまくいく人の自己肯定感』（三笠書房）をご一読いただければ幸いです。

ここで一番お伝えしたい大切なポイントは、**「自分を信じて、人を信じる」**ことで、**自らのキャパシティを超える分量の仕事を、部下や周囲の適任な人に分担してもらえるようになる**ということです。

そうでないと、仕事を半分減らすどころか、どこまでいってもオーバーワークの渦から抜け出すことができません。

実は私にもかつて、「仕事を抱えこんで、大変な思いをした」経験があります。結論から先にいうと、その原因は「アンコンシャス・バイアス（無意識に形成された偏見や思いこみ）」でした。

つまり、なんらかの思いこみがあって、無意識のうちに自分の言動の幅を狭くしていたのです。こうした心の視野が狭くなる現象を、「心理的視野狭窄」といいます。

精神科医の仕事は、実は、「書類仕事」がものすごくたくさんあります。

以前の私は、その書類はすべて「医師である自分が書くべきだ」と考えていました。

そうするとまわりの看護師さんや事務スタッフにも、「書類仕事は全部、川野先生がやるもの」という暗黙の了解が生まれます。

その結果、私も、ほかの医療スタッフも、みんなが書類仕事に対して「アンコンシャス・バイアス」を起こしていたわけです。

多いときは一日に六〇名以上の患者さんの外来診療をしますから、その合間に書類を作成するのは大変です。

一件あたり五分か一〇分で書ける書類でも、そのための時間を捻出するために、患者さんを診察する時間を短縮しなければなりません。

患者さんや、患者さんの職場、あるいはほかの病院の先生から依頼された書類はていねいに作成してお返ししたい。でもそのために大事な診療時間を短くするのは本末転倒……。

そんなジレンマに悩んでいたある日、ふと、――もしかしたら書類の一部、たとえば患者さんの個人情報（氏名、性別、年齢、住所、電話番号など）や、前に作成した書類から変更がない部分に関しては、医療事務の方に記入をお願いしたほうがよいのではないか。医療事務のスタッフは医療情報を扱うプロだから、自分よりもずっと迅速で正確な仕事をやってもらえるのではないか――と思いついたのです。

さっそくお願いしてみたところ、二つ返事で引き受けてくださいました。

実は私は書類仕事が苦手で、その仕事に毎回相当な時間をかけていました。ところが医療情報に関する事務処理を専門とするスタッフさんたちにとっては、サクサクできる作業だったのです。

まさに適材適所。その道のプロにお願いすることで、患者さんが増えても外来診療の質を保つことができました。スタッフのみなさんには、感謝しかありません。

みなさんにも、**「自分がやるべきだと勝手に思いこんで、得意ではない仕事を抱えこんでいるけれど、もしかすると得意な人にお願いしたら、難なく引き受けてもらえそうなこと」**はありませんか？

仕事を抱えこみがちな人にこそ、この自問をしてみて、よく考えていただきたいと思います。

上手に断る、上手に引き受ける

パンクしそうなときは――

なぜ、仕事を抱えこんでしまうのか。

その大きな原因の一つは、「仕事を人にまかせられない」ことにあると、前項で述べました。上手に人にまかせることで、仕事量を減らしましょう、効率性・生産性を上げましょう、と。

さらにもう一つ、

「仕事を断れない」

ということも、仕事を抱えこんでしまう原因です。

仕事ができるからどんどん振られるのか、お人好しだからどんどん押しつけられるのか、上司の状況判断が悪いから偏った配分をされるのか……。

理由はいろいろだと思いますが、いずれにせよキャパオーバーならば、**仕事を「無条件」に引き受けない**ことが大切です。

よかれと思って無理な仕事を引き受けてしまい、自分がパンクしてしまったら、結果として周囲にも迷惑をかけることになり、誰も幸せにはなれません。

キャパオーバーになりそうな仕事を引き受ける前に、たとえば次のように、ちょっと考えてみていただきたいのです。

「これだけたくさんの仕事を与えてもらえるのはうれしいけれど、上司は私が現在、抱えている仕事を把握していないいんじゃないかな。スケジュールについても見当違いをしているんじゃないかな」

そんな考えを心の片隅に置いておくだけでも、心にゆとりが生まれます。

このゆとりがないと、「厳しいな。全部こなせるだろうか。でも、『できません』なんていったら、評価が下がってしまうし……」といった思いにとらわれてしまいがちです。

こんなふうに賢く対拠する

そして安請け合いをして〝やっつけ仕事〟をしてしまうと、結果的に上司からは「てきとうな仕事をするやつだ」と思われてしまいます。あるいは仕事が期日に間に合わなければ、「できないなら、なぜ最初からいわないんだ！」と叱られてしまうかもしれません。

仕事を断れない。安請け合いをしてしまう……。

こうした傾向も実は、「自己肯定感」の低さと密接に関わっています。自己肯定感が十分に備わっていないと、上司からの指示があきらかにキャパオーバーなものであっても萎縮してしまい、何もいえなくなってしまうのです。

自己肯定感を一瞬で上げることは難しいのですが、まずは「心のゆとり」を持つことが大切です。

どう考えても自分のキャパを超えるほどの仕事を指示された。そんなときはとりあえず、

「上司は自分のことを買いかぶっているようだけど、しょうがない。できる限りやってやろうじゃないの」

というくらいの余裕を持ちつつ腹をくくり、引き受ける。

しかし、その場でもうひと押し、

「ただ、ちょっとスケジュールの調整が必要です。○○の仕事をいま、進めていますので。どちらの優先順位が高いでしょうか？」

といったように尋ねてみましょう。

もし、上司があなたの仕事の状況を把握しないまま新しい仕事を指示しようとしたのだとしたら、「ああ、そうか、すまない。○○の仕事を優先してほしい。新しい仕事は、ほかの人にまかせるから」となるかもしれません。

「それでも君にお願いしたい」というのであれば、「わかりました」といって、優先順位を上司に相談しつつ、

「こういうスケジュール、段取りであれば、できます」

と無理のない進め方を提示するようにします。あるいは、

「この部分は、私が引き受けられますが、この部分は厳しいので、ほかの人にお願い

できないでしょうか」

と交渉することだって、けっして悪いことではありません。

もちろんこれですぐにほかの人にバトンタッチできるとは限りません。

「いや、それはわかるんだけど、この仕事だけはどうしても君にすべてやってほしいんだよ」

といわれるかもしれません。

でも考えてみていただきたいのです。ただいつもの調子で最初から安請け合いするのと、「ここまでいったのに、それでもやってほしいと指示された」と上司の熱意を知ったうえで引き受けるのとでは、その業務に対する意識がまったく違うのではないでしょうか？

「仕事を半分減らす」のを実現していくためにも、このような「上手な仕事の引き受け方」を、前項の「上手な仕事のまかせ方」とあわせて、ぜひ身につけていただければ幸いです。

マルチタスクをシングル化する

「いま、このときに取り組んでいる仕事は一つ」

「仕事を半分減らす」

これを目指すためには、ここまでお話ししてきたように、仕事の量そのものを減らすのが一番の方法ですが、**一つひとつの仕事の効率や生産性を上げる**こともまた重要なポイントです。

複数の仕事を同時進行でこなす。現代を生きるビジネスパーソンは、それを当たり前の能力として求められるようになったと感じます。

私もお寺での勤めや、クリニックでの診療のほか、講演会、ラジオ出演、原稿の執筆など、さまざまなお仕事をさせていただいています。

けれども私には、それらを「マルチタスク」でやっているという感覚がありません。

なぜなら、**「いま、このときに取り組んでいる仕事は一つ」**だからです。

複数の仕事が一定期間、同時に進行していたとしても、「いま・ここ」で意識を向けることができるのは一つの作業だけです。

いくつ仕事を抱えていようとも、意識のうえでは「マルチタスク」ではなく「シングルタスク」――そんな感覚で仕事を進めるようにしています。それが、私のいう、**「マルチタスクのシングル化」**です。

ポイントは「ギア・チェンジ」

マルチタスクの一番よくない点は、「あれもやらなきゃ、これもやらなきゃ」と、あちこちに手を出し、結局どれもが中途半端になってしまうことです。

こうした働き方は、作業効率の面でもデメリットが大きくなります。一つの仕事を短い時間で中断すると、再開するときの初速がガクッと落ちるからです。

ある程度の間、作業を続ければ、だんだんとリズムができてきて処理スピードが上がっていくのに、その前に「あ、メールも見なきゃ」「ネットニュース更新されてるかな」と別のことに意識が向いてしまうと、肝心の作業がゼロからまたやり直しになってしまうのです。

それよりも**「この仕事をここまで終えたら、次はこの仕事。それをここまで終えたら、次はこの仕事」というふうに、「ギア・チェンジ」する形で集中の対象を切り替えてゆくのが得策**です。

仕事には「集中力勝負」のところが多分にありますよね。その集中力がピークに達する前に中断するのはもったいないということです。

集中力が上がるままにぐいぐい進め、一段落して集中が切れてきたところで小休止をはさみ、次の仕事へ——という作業のスタイルが望ましいと思います。

上手な〝エネルギー配分〟を

また、**作業自体の優先順位と、そのときどきの状況に合わせて、それぞれの作業に**

注ぐエネルギーをどう配分するかを決めることも大切です。

あらかじめ配分を決めておけば、「次は何をするんだっけ？」とか「今日はどこまで進めようかな？」とそのたびに迷ってしまうことなく、機械的に「次はこれ、次はこれ」と、ギア・チェンジをしながら進めていけます。

先述のように私は、日々いろいろなご縁でお仕事をさせていただいています。よくいろいろな方から、「川野さんはお坊さんが本業なのですか？　それとも医師が本業ですか？」と聞かれます。

私にしてみればすべてが本業であり、何一つおろそかにはしたくないという思いで取り組んでいます。

ただ自分のなかで、日々の仕事を大きく「お寺と診療とそのほか」という三つに分けて、時期的な忙しさに応じてエネルギー配分を大まかに決めています。

たとえば、「お盆やお彼岸、年末年始といったお寺のハイシーズンは、お寺の仕事に五割、診療の仕事に四割、そのほかに一割。心の調子を崩す方の多い春先や季節の変わり目は、診療の仕事に五割、お寺の仕事に四割、そのほかに一割」といった具合です。

その大枠のなかで、それぞれの分野の細かな仕事を一つずつ、「集中力勝負」でスピーディに着実に仕上げることで、ハイ・パフォーマンスを目指しています（目指しているだけで、まだまだハイ・パフォーマーとはいえない修行の身ですが）。

私は自分の欠点として、長い時間特定のタスクに向かい続けることが苦手なのを自覚しています。

でもそれを逆手に取って、短い時間でサッと集中して、休むときは思い切り休むという、オン・オフの切り替えをしたところ、元気に日々の仕事を続けることができるようになりました。

もちろん、人それぞれ心理特性は異なります。ぜひご自身が最も心地よく、効率的に働けるスタイルを見つけていただきたいと思います。

その一助となるであろう基本的な考え方が、「マルチタスクのシングルタスク化」なのです。

どんな仕事も「おもしろがる」

「やらされ感」からの脱却

仕事で重要なのは、前に触れたように、自分が「主人公」になって取り組むことです。「やりたくないなぁ」「おもしろくないなぁ」「大変そうだなぁ」などと思いながらやっても、集中することは難しいものです。

そんな取り組み方をしていると、疲れも非常にたまりやすくなってしまいます。ほかのことに気が行きがちで、マルチタスク状態であれこれ手を出しては仕事の効率が上がらず、脳のエネルギー消費も大きくなってしまうのです。

仕事を半分減らす――それを実現するためにも、ここは〝なんでもおもしろくやろう、の精神〟でいきましょう。いわば意識改革です。

指示された仕事が「あんまり気乗りしない」ものであっても、どう交渉しても自分がやらなければならないものだとなったら、まずは「本気でやる」と腹をくくる。そのうえで「喜んで！」と受け入れてみるのです。

そう心のなかで念じるだけでも、気持ちはかなり前向きになります。

あとは「どうすれば楽しく、おもしろく取り組めるか」を考え、ちょっとした工夫を加えるのです。

たとえば、**ちょっとしたオリジナルのアイデアを加えたり、ゲーム感覚を取り入れたり。**そのちょっとした工夫をする楽しさ・おもしろさが、仕事に向かう集中力を高めてくれるはずです。

「いつものやり方」を変えてみる

私の例でいえば、一年ほど前、ＮＨＫラジオの収録をしたときのことです。数年前から担当させていただいているこのお仕事が私はとても好きで、毎回大切に取り組んできました。

ところがコロナ禍の影響で、ＮＨＫのラジオ収録スタジオが使えず、私のお寺で一人きりで収録することになったのです。

最初は正直、「困ったなぁ。収録の専門スタッフさんも、いつも聴き手をしてくださっているディレクターもいなくてうまくできるかなぁ」と不安になりました。

でもここで、気持ちを切り替えました、「お寺で収録する機会なんて、めったにないんだから、おもしろくやろう」と。

その瞬間、いつも以上に気持ちが盛り上がるのを感じました。そしてディレクターの齊藤佳奈さんとメールのやりとりでアイデアを出し合い、相談しながら、本堂の鐘の音、折しも降りはじめた雨の音、庭を掃く箒の音などを収録し、放送中に流すということをやってみたのです。

大学時代にバンド活動で使ったマイクを、久しぶりに倉庫から引っ張り出してきて、自らマイクを持って臨んだその日の収録は、スタジオにはないおもしろさがあり、ワクワクした心地で取り組むことができました。

リスナーの方からも「いつもとは一風変わっていて、これもおもしろかったですよ」と温かなご感想をいただき、うれしい経験となりました。

このように、
いつもと違う空間でやってみる。

いつもの手順を変えてみる。

いつもと違う人と組んでみる。

いつもの処理スピードを上回る記録に挑戦してみる。

など、工夫しだいで新鮮な楽しみ方ができると思います。

新鮮な感覚で取り組めば、おのずとやる気も集中力も高まって、いい仕事ができると感じています。

〝中道精神失調症〟になっていませんか？

もう一つ、仕事の「プロセス」を楽しむことも重要です。

「ビジネスは結果がすべて」とはよくいわれますが、本当に「すべて」でしょうか。

私はそうは思いません。

結果はあくまでも結果であり、そこに到達するプロセス抜きに語れません。私が昔から大好きなNHKのドキュメンタリー番組「プロジェクトX」も、単に「ダムをつくった」「砂漠を緑化した」「飛行機を開発した」ではおもしろみを感じないはずです。それぞれの人が織りなす「物語」という名のプロセスがあるからこそ、名番組として多くの視聴者を感動させてきたのではないでしょうか。

結果に至るまでのプロセスを大事にするためには、どんな結果が出るかをいたずらに心配するよりも、プロセスの一瞬一瞬に全力投球することが重要です。どんな結果が出るかは「天命を待つ」「神様、仏様におまかせする」くらいの意識を持ってみるのがよいでしょう。

「早く結果を出したい」と焦ってしまう、「結果」への執着が強いと、仕事をすること自体が苦しくなってしまいます。

また、がんばりすぎて体調を崩したり、心の余裕をなくして、うつっぽい気分になったりするかもしれません。

禅的にいえば、〝**中道精神失調症**〟のようなものです（正式な診断名ではありません）。「結果がすべて」という概念をいったん手放し、プロセス自体を楽しむように心がけてみましょう。

仕事にきちんと"句読点"を打つ

「テレワーク疲れ」はこうして起こる

新型コロナウイルスの感染拡大は、ビジネス界に「パラダイムシフト」ともいえる変革をもたらしました。

「テレワーク」という、「会社に行かず、自宅で仕事をする」というスタイルを急速に普及・拡大させたのです。

企業によっては「アフター・コロナ」の時代を迎えても、積極的にテレワークを活用する方針を打ち出しています。

感染対策としてはもちろんのこと、通勤の負担軽減や、時間の有効利用という点でもこうした変化は歓迎されていますが、その一方で、テレワークによる心身の健康問題が取り沙汰されるようにもなりました。

テレワークの導入から一年が過ぎたあたりから、クリニックに初診で訪れる患者さんのなかで、「テレワーク疲れ」が症状の一因になっていると思われる方が、とても多くなってきたのです。

たしかに、業務効率を高め、余計な手仕事を減らすこともできて、「仕事を半分減らす」ためにもテレワークは有効な手段に思えます。

しかし、大きなデメリットもあるのです。最大の問題は、

「自分では気づかないうちに仕事時間が延びていく」

ということです。

人間というのは「慣れていく生き物」ですから、「毎日少しずつ」だと、仕事時間が延びていくことに鈍感になるのです。どんどん〝がんばれてしまう心身〟になっていくということです。

しかし、疲労は確実にたまっていきます。にもかかわらず、「もうちょっとやろうかな」が日に日に長くなり、気がついたら毎日、一二時間労働を続けていた、という患者さんもおられました。

危険な「家庭の職場化」

これまでは職場を出れば、仕事から物理的に距離を取ることができました。就業時間に終わらなかった仕事を家に持ち帰る場合はあるとしても、毎日ではなかったはずです。それに持ち帰りたくとも、会社のPCを持ち出せない事情もあったでしょう。

ところがテレワークが〝公式のスタイル〟になると、常にオンラインで会社と接続されている状態になります。

それによって、本来は「休める場所」だったはずの家庭が、「仕事をする場所」に様変わりしてしまいます。

つまり**「家庭の職場化」**が起こるのです。

仕事を終えて帰宅したら、お風呂に入る、夕飯を食べる、晩酌をする、テレビを見る、音楽を聴くなど、のんびりと過ごして床に入る、というルーティンだったのに、テレワークが入ったことで心の切り替えがうまくできなくなってしまったのです。

昼間のテレワークを終えて、家族と夕飯を食べたあともまだ会社にいるように錯覚するのか、「あともう少しだけ」と、また仕事をはじめる。そうして〝会社時間〟が延々と続いてしまうようになりました。

昨年、奥さんに連れられて私のクリニックにやってきた、ある三〇代男性の患者さんは、テレワークで部屋にこもりきりになりました。奥さんの話では、食事のためにリビングに出てきても口数が少なく、どんどん顔から生気が消えていったといいます。私が初診でお会いしたときには、すでに重度のうつ状態になっていました。テレワーク時代になって、このタイプのうつの患者さんが急速に増えているように感じます。

考えてみれば、テレワークは、健康上のリスクをまったくといっていいほど検証することなく導入されたものです。コロナ禍による非常事態から、無理に働き方改革がなされた側面があるのです。そろそろ健康を担保するための有効な策を打つべきときを迎えているのではないでしょうか。

あとがき

仏教では「自利利他の精神」を大変に重んじています。「自利利他」、つまり「自らの喜びは、世のため人のための喜びに等しいものである」といった生き方を理想としているのです。

「自利利他の精神」のすばらしいところは、世のため人のために行動することで、自分自身も心の充足感が得られ、幸福感に満たされるということです。

これを逆手に取って、というわけではありませんが、「自利」から入るのも一つの方法です。とりあえず「利他」は置いておいて、なんでもけっこうですから「自利」――自分がやりたいこと、楽しめることをはじめるのです。

それがじつは、人に喜びを与えることにつながったという体験談も、いろいろな方から聞かせていただきました。

私の知り合いに、建物の写真を撮るのが好きな方がおられます。現役のころから写真を趣味にされていましたが、仕事をリタイアされてからインスタグラムへの投稿をはじめたそうです。

するとコロナ禍の東京都心のガランとした街の風景が話題になり、「これはいましか見られない光景で、情緒も感じますね！」といった声が、ヨーロッパなど海外の人たちから数多く寄せられたそうです。

その方は、「国境を越えて多くの人に写真を楽しんでいただいていることがうれしいし、フォロワーのみなさんとのコミュニケーションが英語の勉強になる」とうれしそうに話してくださいました。まさに「自利」が「利他」に結びついたご経験だと思います。

私もその一人かもしれません。大学卒業後に臨床医をした六年間、自分自身の精神科医としての心の迷いを抱え、そこからある意味「逃げる」ようにして禅の修行に入らせていただいたのです。

ですから、修行から戻って住職になった当初は、いまのようなライフスタイルを夢にも思い描いていませんでした。ただ、精神医学と禅修行の経験から学ばせていただいたことを、多くの人に健やかに生きてゆくために知っていただきたい、その思いがわき起こるようになり、さまざまなご縁に導かれたのです。

本業である寺院のお勤めとクリニックでの外来診療をベースに、本や雑誌の執筆や取材への対応、企業のみなさまや一般の方向けの講演、マインドフルネス教室やリトリートでの瞑想指導、瞑想ガイド音源の作成、アプリ製作、そしてラジオのお仕事と、バラエティ豊かな取り組みに関わらせていただけていることに、感謝の日々です。

以前、魚類学者でタレントの「さかなクン」が、客員准教授を務めておられる東京海洋大学のウェブサイトで動画に出演し、印象的な言葉を紹介されていました。

ご自身は「インタープリター」でありたい、つまり難しい海洋学や魚類の知識をわかりやすい言葉で伝え、多くの方にその楽しさやすばらしさを知ってもらう役割を担っていきたいとお話しされていたのです。

その素敵なお人柄と心の在り方に、私はますますさかなクンの大ファンになったのですが、それと同時に、「私は禅とマインドフルネスのインタープリターになりたいのだ」と確信を得ることができました。

仏教学の深い知識においては、長く修行を積まれた和尚様方や、大学の先生方に遠く及びませんが、いまを生きるどんな方にもブッダの智恵のすばらしさを知っていただき、何よりも日々を幸せに送っていただきたい。そんな願いを叶えるためにこれからも、「易しくて優しい言葉」でマインドフルネスについて語り続けていきたいと思っています。

みなさんにとっての「自利利他」とは、なんでしょうか。それはもしかしたらいましている仕事や趣味の延長線上にあって、それと同じかそれ以上に魅力的な存在になってゆかれるのかもしれません。

「半分減らす」ことを通して、「生きがいを二倍増やす」イメージで、この本でお話ししたことを実践していただければ幸いです。

ご自身にとっても、大切な人たちにとっても、それはきっと幸せへの大きな一歩となるに違いありません。

川野泰周　合掌

本書は、本文庫のために書き下ろされたものです。

知的生きかた文庫

半分《はんぶん》、減《へ》らす。

著　者　川野泰周（かわの・たいしゅう）
発行者　押鐘太陽
発行所　株式会社三笠書房
〒102-0072 東京都千代田区飯田橋3-3-1
https://www.mikasashobo.co.jp
印　刷　誠宏印刷
製　本　若林製本工場

ISBN978-4-8379-8749-9 C0130

本書へのご意見やご感想、お問い合わせは、QR コード、
または下記 URL より弊社公式ウェブサイトまでお寄せください。
https://www.mikasashobo.co.jp/c/inquiry/index.html

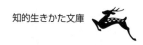

C50434

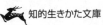